Petra van Cronenburg

ELSASS
Wo der Zander am liebsten
im Riesling schwimmt

Sanssouci

1 2 3 4 5   08 07 06 05 04

ISBN 3-7254-1329-0
© Sanssouci im Carl Hanser Verlag, München – Wien 2004.
Einband, Schuber und Vorsatz: Birgit Schweitzer, München, unter
Verwendung von Fotos von MEV. Fotos im Innenteil: MEV und
R & T Consulting. Karte: Achim Norweg, München. Satz: Satz
für Satz. Barbara Reischmann, Leutkirch. Druck und Bindung:
Kösel GmbH, Krugzell. Printed in Germany

Vorwort

Laut ist es hier beim Arbeiten. Geschnatter, Geknarre, Geziepe, Gepfeife. Zu Hunderten fallen hungrige Stare in die Holunderbüsche ein, hängen kopfüber im Schlaraffenland. Ein Bläuling verirrt sich zum Laptop, umkreist den Text, flattert weiter, verliert sich im Sonnendickicht der Goldruten. »Du lebst im Paradies!«, sagen manche, die mich besuchen. Ist das Elsass nur ein Paradies, ein Postkartenidyll? Und wie presst man fast vierzig Jahre Erleben im Elsass zwischen zwei Buchdeckel?

Geranien, Kugelhopf, Störche, Fachwerkidylle und Choucroute. Elsass in einem Satz. Bezopfte Frauen mit radgroßen Schleifenhauben tanzen Polka – die Männer stemmen Bier und essen Würste. Komprimiertes Klischee, portionsweise verkauft. Und noch mehr Störche, und Tarte Flambée. Ist das schon das Elsass? Tarte Flambée – Flammekueche – eine meiner Kindheitserinnerungen. Man kolportiert, ich hätte zum ersten Mal im Alter von drei Jahren an einem Flammekueche-Ritual teilgenommen und damit meine Geschmacksknospen ein für alle Mal geprägt.

Viele Jahre später kamen die ersten Ausflüge mit dem Fahrrad. Über die alte Eisenbahnbrücke von Wintersdorf, wo die Straße wie die Scheibe Speck im Stahlsandwich hockt, hinein ins gelobte Land. Wo in unseren Augen das Essen besser schmeckte, die Menschen mehr Zeit hatten, die Baggerseen einsamer lagen, die Wälder wilder schienen. Wochenendfluchten in ein Land, in dem Leben groß geschrieben wurde. Grenzgängerdasein zwischen Schnitzel und Entrecôte, Schwarzwald und Vogesen.

Wir verstanden schon zu jener Zeit nicht mehr, warum Politiker Menschen, die sich über den Fluss zuwinken konnten,

Vorwort

einige Köstlichkeiten des Nachbarn vorenthielten. Froschschenkel à la provençal wurden damals zum Lieblingsmenu von Schmugglern und Trinkern. Vor der Grenze bei geschlossenen Autofenstern tüchtig mit offenem Mund ausgeatmet – es klappte immer wieder. Jeder deutsche Zöllner, der nicht aus dem Süden stammte, befahl mit angehaltenem Atem, schleunigst weiterzufahren. Welch ein Gefühl, Jahre später an diesem Zollhaus mit achtzig Sachen vorbeizupreschen, weil es keine Grenzen mehr gab!
Die Sinneslust der Grenzländer kann sich seitdem ungehindert verbreiten; zu Urlaubern und Wochenend-Touristen kommen die Abendgenießer. Immerhin besitzen die Elsässer wie die Badener einen Sinn mehr als andere Menschen: den achten Sinn. Auf Elsässisch kann nämlich die Nase nicht nur riechen, sondern auch schmecken! Essen und Trinken sind hier Kunst, Ausdruck von menschlichem Miteinander, Hochgenuss, soziales und kulturelles Ereignis.
Die Rezepte in diesem Buch (wenn nicht anders vermerkt, für vier Personen) stammen von Privatleuten, sind teilweise über Generationen vererbt worden und haben sich auf meinen Tellern bewährt. Ebenso subjektiv ist die Auswahl der Orte, der Erinnerungen. Das Elsass lässt sich nicht zwischen zwei Buchdeckel pressen. Es lässt sich aber in Anekdoten und Stippvisiten vorkosten. Als roter Faden dient der bäuerliche Kalender, dessen alte Riten und Bräuche mit den Jahreszeiten wechseln wie die Landschaften – und die Erzeugnisse, die den Speisezettel bestimmen.

Ich bin »gebissen« von diesem Land, wie man in Frankreich sagt: »Je suis mordue.« Gebissen davon, dass ich Ausdruck finde in drei simultanen Sprachen, die wild gewechselt werden dürfen. Gebissen von den Menschen, die zwar von Anfang an freundlich sind, aber immer zuerst auch abwartend, fast ein wenig misstrauisch. Die genau deshalb nicht an der Oberfläche bleiben, denn wenn sie ihr Herz öffnen, öffnen sie es weit. Gebissen bin ich von den Landschaften, weil es fast alles gibt außer Wüste und Meer. Was mir das Elsass jedoch zur Wahlheimat gemacht hat, ist dieser geschichtsträchtige Knotenpunkt von Kulturen, Sprachen und Religionen, der sich tatsächlich wie ein lebendig schlagendes Herz Europas anfühlt. Mit einer Mischung aus Toleranz und Stolz haben es die Elsässer trotz der blutigen und grausamen Okkupationen geschafft, eine Kultur zu bewahren, die nur vordergründig französisch oder deutsch angehaucht scheint. Elsässisch, das definierte der Straßburger Schauspieler Raymond Fechter: »Wir sind einfach boch-welcho-deutscho-franco-schleuh. Also tatsächlich die ersten europäischen Probeexemplare.«

Es ist eine unverwechselbare Kultur, in der Dickköpfe und Traditionalisten genauso Platz finden wie Diplomaten und Visionäre. In der man sicher auf beiden Seiten gerne über die Stränge schlägt – um doch miteinander zu leben. Für mich eine zutiefst europäische Kultur, die lehrt, wie Menschen sich öffnen können, ohne sich zu verlieren, ohne »das Andere« ausgrenzen zu müssen. Nicht zufällig ist in diesem Land die »gute Stube« so wichtig – einerseits Rückzugsgebiet, andererseits mit dem großen Tisch, an dem gemeinsam mit Besuchern genossen wird, was verschiedene Kulturen in der Küchengeschichte hinterlassen haben.

Aufmerksame Reisende werden immer wieder Geschichten hören, dass dieses gemeinsame Essen nicht immer in Frieden möglich war. Und sie werden Geschichten hören, wie wichtig es war, sich diesen gemeinsamen Tisch zu erhalten. Tomi Ungerer, der große elsässische Künstler, hat sich einmal gewünscht, die Elsässer würden zu Brücken-Köpfen Europas, der Verständigung von Menschen unterschiedlicher Nationalitäten, Kulturen und Religionen. Vielleicht kann dieses Buch dazu beitragen, Genießer jenseits aller Grenzen an einen Tisch zu bringen.

Anfang Mai 2004
im Outre-Forêt

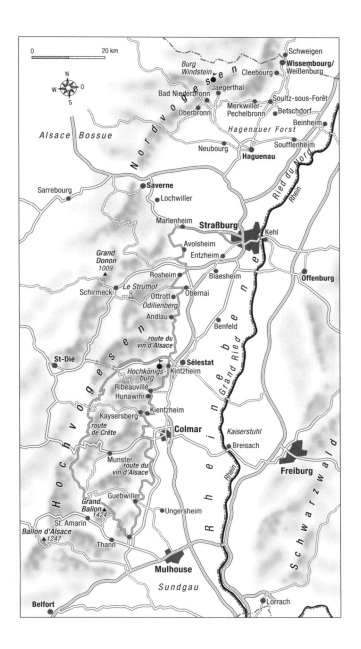

Oktober

Buckliges Elsass
Mord im Hopfenland

Wenn Altweibersommer und Herbst sehr warm waren, bleiben zum letzten Tag im Oktober kaum noch reife Kürbisse übrig. Doch was wäre das frostige Halloween ohne die orange leuchtenden Grimassen auf Eingangstreppen und Gartenpfosten! Zum alten keltischen Neujahr mummeln sich die Knospen des nächsten Frühlings winterfest ein. Neubeginn und Geburt bereiteten sich nach altem Glauben in der Nacht vor, mit dem Sterben.
Noch vor sechzig Jahren haben die Kinder im Elsass Futterrüben ausgeschnitzt. Mit den beleuchteten Fratzen auf Stecken zogen sie durch die Dörfer, setzten den Alten und Kranken die leuchtenden Geistermasken als Schutz und Geleit in eine andere Welt ins Fenster. Weil er »brutal« erschien und die Kirche etwas gegen Geisterglauben hatte, wurde der elsässische Brauch abgeschafft. Über Amerika findet die europäische Tradition seit ein paar Jahren zurück. Es gab sie nicht nur in Irland, sondern in jedem ehemals keltischen Landstrich. Die elsässischen Großeltern derer, die heute den »amerikanischen Firlefanz« bekämpfen, haben als Kinder noch am Tag nach der Ahnennacht Couplets für die Toten an den Türen aufgesagt. Der spielerische Umgang mit dem Vergehen als Chance zum Neuanfang ist nicht tot zu bekommen.
Lydie und ich stecken bis zu den verklebten Ellenbogen im Kürbis, schon die zweite Tonschüssel quillt über vom saftigen Fruchtfleisch, das blumig duftet. Hier im Alsace Bossue, dem Buckligen Elsass im Nordwesten an der Grenze zu Lothringen, ticken die Uhren etwas langsamer, wird der alte Brauch noch nicht nach dem Vorbild

von Supermarktketten in Plastik und Spezialprodukten gefeiert.

Die Küche in Lydies Hof ist ein Saal, geplättet mit Zementfliesen aus Jugendstilzeiten, mit verschlungenen Lilien in Kaffeebraun, Ocker und Himmelblau. Unsere Schritte hallen. Ein Trog aus behauenem Granit dient als Spüle. Meinen neugierigen Blick an die Wand auf der Schmalseite kommentiert Lydie sofort.

»Ein alter Bäckerofen. Mein Großvater hat darin Flammekueche gebacken und das halbe Dorf eingeladen. Ja, in dieser Küche könnte man ein ganzes Restaurant bekochen! Für uns lohnt sich das nicht mehr, der Ofen frisst riesige Holzknüppel. Und im normalen Herd wird der Flammekueche einfach nichts.«

»Und das da?« Ich deute auf zerknülltes Zeitungspapier in einem Korb.

Lydie lacht. Mit ihren Sommersprossen und rotblonden Locken ähnelt sie einem irischen Klischee. »Ach das – das braucht Mélie für die Kartoffeln heute Abend!«

Das Geheimnis ihrer Haushaltshilfe, Kartoffeln noch kartoffeliger schmecken zu lassen, klingt eigen. Keine Frage, dass dem in diesem Land fast heiligen Gemüse ein eigener Topf reserviert wird! Am besten ein schwerer, aus Gusseisen und nicht emailliert. Nichts darf ihn berühren außer Kartoffeln und ihren Zutaten. Nichts, vor allem kein Spülmittel. Er wird mit Zeitungspapier ausgerieben, setzt Patina an und den rauchigen Duft frei, wenn Mélie darin zuerst Zwiebeln und ganze Knoblauchzehen in wenig Schmalz andünstet, die rohen, geschnittenen Kartoffeln dazu rührt und immer wieder mit dem hölzernen Löffel wendet. Erst wenn die Kartoffeln leicht knusprig werden, kommt der schwere Deckel auf den Topf. Mélie schwört auf den Holzherd. Da könnten die Bratkartoffeln stundenlang bei niedrigster Hitze ohne Fett »reifen«.

»Es ist schade, dass wir so wenig von unserem Land nutzen

Buckliges Elsass

können und wie Touristen nur für ein Wochenende kommen!«, seufzt Lydie. Obwohl der Unterhalt der Jahrhunderte alten Ferme riesige Summen verschluckt, hängt die Elsässerin, die einen Franzosen aus dem Süden geheiratet hat, an der Region.
Lydie verkörpert die modernste Form einer »Pariser Witwe«. Die Zentralisation Frankreichs entvölkert unter der Woche immer mehr ländliche Regionen. Pariser Witwen nennen manche die Frauen, die Haus und Hof versorgen, während der Mann in der Hauptstadt Geld verdient. Lydie ist sogar mitgezogen und pendelt einmal im Monat und in den Ferien nach Hause. Die Mutigen und Betuchten, die es zeitweise täglich tun, trifft man abends und in der Morgendämmerung gähnend am Flughafen Entzheim.

Der abendliche Apéritif, ein Kir Royal mit Champagner aus der Hauptstadt und Mélies hausgemachtem Cassis, wird im Alkoven serviert. Früher stand in diesem holzgetäfelten schmalen Raum neben der Stube das Bett, weil es sich hinter schweren Vorhängen leichter warm halten ließ. Heute kommen sich die Gäste schnell näher in der Intimität des dunklen Nussbaumholzes, dem Lydie Wärme mit antiken russischen Kelims in Rot- und Grüntönen gibt. Es riecht nach Bienenwachs und einem Hauch Terpentin. Die Gespräche klingen gedämpft. An der Wand hängen sepiafarbene Fotos der Vorfahren: Bauern und Bürgermeister, Priester und Hopfenzüchter.
»Kein leichtes Leben in dieser Region«, seufzt Jean, den es als Geschichtsprofessor an eine innerfranzösische Universität verschlagen hat. Auch er kann seine Heimat nicht vergessen.
»Aber ...«, mit einem schelmischen Lächeln stößt er mit Lydie, ihrem Mann, mir und einem befreundeten Pastor an, »getafelt haben hier schon die Könige!«
Ich möchte wissen, woher zwischen Hügeln mit Hopfen-

Buckliges Elsass
Wildschwein mit Hagebuttensauce

stangen und winzigen Dörfern Könige gekommen sein könnten. Auf das Who is Who des Buckligen Elsass bin ich nicht gefasst. Die keltischen Krieger mit ihren Prachtgräbern um Wintershouse oder die römische Nobilitas mit ihren Villen an der Heerstraße von Straßburg nach Saverne lebten noch vergleichsweise bescheiden gegen die Merowinger, auf deren Überreste Archäologen wie Straßenbauer immer häufiger treffen.

»Ja ja, unser guter König Dagobert ist auf diesen Straßen im Ochsenkarren gefahren, hat den hiesigen Wein getrunken, in unseren Wäldern Wildschweine und Hirsche gejagt!«

Wildschwein mit Hagebuttensauce

ca. 1 kg Wildschweinfleisch (aus Keule oder Schulter)
1–3 Knoblauchzehen
100 g Räucherspeck
30 g Butter
Salz
Quatre-Épices (Gewürzmischung aus Nelken, Ingwer, Muskat, weißem Pfeffer, im Verhältnis 1:1:1:2)
je $1/4$ l Rotwein und Brühe
Sauce Espagnole (braune Grundsauce)
3–4 EL Hagebuttenmus
1–2 Hand voll Sauerkirschen (frisch oder tiefgekühlt)

Für die Beize:
$1/2$ l Rotwein
$1/4$ l Melfor (naturvergorener Essig mit 3,8 % Säure; ersatzweise verdünnten Weißweinessig verwenden)
1 gespickte Zwiebel
1 Lorbeerblatt
schwarze Pfefferkörner, Salz

Buckliges Elsass
Wildschwein mit Hagenbuttensauce

Die Zutaten für die Beize verrühren und das Wildschweinfleisch darin 2 Tage beizen. Knoblauch schälen und hacken. Das Fleisch trockentupfen und in Würfel schneiden. Den Speck in Würfel schneiden und braten. Die Butter zum Speck geben und Knoblauch und Fleisch darin anbräunen. Mit einem Schuss Beize ablöschen, mit Salz und Quatre-Épices würzen und mit Rotwein und Brühe aufgießen. Das Fleisch im fest verschlossenen Topf etwa 1 Stunde schmoren lassen, bis es weich ist. Sauce Espagnole (braune Mehlschwitze mit etwas Beize und Brühe verrühren, mit Nelken, Lorbeerblatt und Pfeffer würzen) mit dem Hagebuttenmus verquirlen und erwärmen. Die Kirschen erhitzen (tiefgekühlte auftauen lassen) und das Fleisch mit dem Hagebuttenmus und den Kirschen sehr heiß servieren. Dazu passen Spätzle und Rosen- oder Rotkohl.

Viele Franzosen haben vergessen, dass der Sitz des Merowingerreichs bei Marilisium, Marlenheim, lag. Denn vom Palast ist nichts geblieben und die Grabungen sind lange her. Jean-Marie erzählt, dass die Autobahn N4 bei Marlenheim der alte »königliche Weg« der Merowinger und später die kaiserliche Straße der Hohenstaufer war, die in Hagenau residierten. Ein gewisser Plath hatte Ende des 19. Jahrhunderts die sensationelle Entdeckung am Ufer der Mossig, auf der Seite des Dörfchens Kirchheim gemacht: Er grub das Fundament eines 105 Meter langen Gebäudes aus, das auf einem römischen Fundament erbaut worden war. Auf den Mauerresten seien noch Fresken sichtbar gewesen. Im Jahr 589 habe Childebert II. diesen Palast auf ein römisches *castrum* gebaut.
Voller Erinnerungen an königliche Zeiten, aus denen vor allem Schmuck, Grabbeilagen und Waffen ins archäologische Museum von Straßburg gerettet werden konnten, setzen wir uns an die fürstlich gedeckte Tafel. Der riesige Tisch in der »guten Stube«, einst für Großfamilien gebaut,

Buckliges Elsass
Lammkeule à la Diable

gibt ein Gefühl von Leere. Wir rücken deshalb an der Ecke vor dem Kachelofen zusammen. Kerzen funkeln in rubinfarbenem Lothringer Kristall, der rassige Pinot Blanc zur Vorspeise fahlgelb im Glas. Brokatene Servietten aus den Vogesen liegen neben antiken Tellern aus Sarreguemines. Die Rosenmuster wurden in den 20er Jahren des letzten Jahrhunderts von Hand durch Schablonen gesprüht.
»Gab es nicht in diesem Landstrich besonders viele Invasionen?«, komme ich auf die Geschichte zurück.
Jetzt mischt sich eifrig der Pastor ein, anscheinend habe ich einen Nerv bei ihm getroffen: »Oh ja, hier ist alles durch, was man sich vorstellen kann! Rechtsrheinische Kelten, Römer, Franken, Alamanen, Ungarn, Engländer, Schweden. Später die Österreicher und die ›armen Jecken‹, die Armagnacs, im 15. Jahrhundert!«
Während uns die gekräuterte Lammkeule auf grünen Flageolet-Bohnen und Mélies Spezialkartoffeln Zunge und Gaumen balsamieren, erzählt der Pastor, wie die gebeutelten Menschen Trost in der Kirche gesucht hatten. So sei das Bucklige Elsass auch ein Land der Straßenkapellen und Steinkreuze geworden, wo es so ziemlich gegen jedes Übel eine Pilgerfahrt gegeben habe.

Lammkeule à la Diable

8–10 Knoblauchzehen
1 Lammkeule (ca. 1,2 kg)
Salz und Pfeffer
Dijon-Senf, Herbes de Provence
Olivenöl

Den Backofen auf 180 °C vorheizen. Die Knoblauchzehen schälen und in Stifte schneiden. Die Lammkeule großzügig da-

Buckliges Elsass
Lammkeule à la Diable

mit spicken, salzen und pfeffern. Rundum messerrückendick mit Dijon-Senf bestreichen und die Herbes de Provence darauf streuen. Die Lammkeule im Backofen in etwas Olivenöl ca. 30 Minuten anbräunen. Damit das Fleisch innen rosig, zart und saftig bleibt, die Temperatur sofort nach der Bräunung auf 80 bis 90 °C herunter schalten und je nach Größe der Lammkeule 1 1/2 bis 2 Stunden garen. Bei Bedarf mit Wasser begießen.

Lydie kennt den Kreuzweg zur Kapelle auf dem Marlenberg bei Marlenheim, den der Pastor als eines der schönsten Beispiele elsässischer Volkskunst rühmt. Sie interessiere sich aber mehr für die Orchideen, die ein von Hügeln blockierter warmer Südwind dort begünstigt.
»Deine Mutter ist doch immer wegen ihres Rheumas nach Friedolsheim zu der alten Kapelle mit dem Bildstöckel gegangen?«, unterbricht ihr Mann.
Lydie überlegt: »Ja. Und gegen Kopfschmerzen nutzte sie die Kapelle der irischen Mönche bei Kleingoeft an der alten Römerstraße.«
»Habt ihr nicht auch etwas gegen Fieber gehabt?«, frage ich.
Lydies Mann lacht. »Das kenne sogar ich. Der alte Dompeter von Avolsheim! Die Quelle der heiligen Pétronille, angeblich Tochter des heiligen Petrus, soll brennende Fieber vertreiben. Die Kirche jedenfalls musst du dir anschauen — es ist die älteste des Elsass. Die romanischen Fresken in der Ulrichskapelle sind nicht zu verachten.«
Lydie erinnert sich weiter: »Einmal hat die Mutter mich als Kind irgendwo in Richtung Hagenau mitgenommen, da stand ein einzelnes Portal im Gras, riesig, ich kam mir vor wie ein Zwerg. Da muss ein Schloss gestanden haben, aber sie erzählte irgendetwas von einem Abt und einem Mord. Und dann schlug sie das Kreuz und verstummte.«
Natürlich wenden wir uns neugierig an den Pastor, der die regionale Kirchengeschichte kennt. Er lehnt sich mit seinem Bordeaux zurück und erzählt dann von den gebeu-

telten Dörfern Uhlwiller und Niederaltorf. Die hochberühmte Zisterzienserabtei Neubourg, die lange vor jenem majestätischen Portal aus dem 18. Jahrhundert an diesem Platz stand, war hoffnungslos verschuldet. Gnädig schenkte der Schultheiß von Hagenau den Mönchen seine Besitzungen in den genannten Dörfern. Die Abtei nahm sich alles. Sechzig Jahre lang verschärfte sich der Streit zwischen Abtei und Bevölkerung. Als die verarmten Bauern ihr Vieh auf die alte Allmendeweide trieben, drohte die Kirche mit Sanktionen. Die hungernden Bauern hatten genug. Sie lauerten dem Abt bei seinem Spaziergang im »Herrewald« auf und ermordeten ihn gemeinschaftlich. Die Mörder wurden auf Pilgerfahrten nach Rom und Compostela verbannt, die Beihelfer mussten barfuß und im härenen Hemd um das Straßburger Münster wandern.
»Das war ja vergleichsweise mild?«, wundert sich Jean.
Der Pastor schüttelt den Kopf. »Nein, denn zu all den Zahlungen kam auf die Dörfer an Martini der ›Mordhafer‹ zu – eine jährliche neue Abgabe an die Abtei. Viel Glück und Unglück hat sie gesehen, eine der berühmtesten Bibliotheken Europas – und dann mit der französischen Revolution Plünderungen, ja sogar eine Sprengung!«
Wir sind überrascht, keiner am Tisch hat es gewusst, dass der filigrane Rokokobrunnen von Neubourg jetzt vor der Kirche St. Georges in Hagenau steht, das Chorgestühl in der gleichen Stadt in St. Nicolas Unterschlupf fand. Die Barockaltäre in Reinhardsmunster zu suchen – dazu gehört wirklich Ortskenntnis. Aber dass ich schon dutzende Male eines der größten Wunderwerke aus Neubourg auf dem Odilienberg bestaunt habe, verblüfft mich am meisten. Es ist die berühmte Sonnenuhr aus Vogesensandstein, die schon damals 24 Weltzeiten exakt anzeigte.
Das ländliche Elsass der Buckel, die gestreift sind von kleinen Feldern und gespickt mit Hopfenstangen, gibt seine Schätze nur zögerlich preis.

November
Pechelbronner Land
Papierfisch im Öl

Als ich an einem grauen Novembernachmittag mit Strichregen nach Merkwiller-Pechelbronn im Outre Forêt fahre, verliere ich das Gefühl für Gegenwart und Wirklichkeit. Ich wähne mich in den Kulissen eines Nachkriegsfilmes. Ruinen in einer eigenartigen Mischung aus Fachwerk und historischem Industriebau, Brachland mitten im Dorf, wo vertrocknete Disteln und Kräuter in den eisigen Himmel stacheln. In der Landschaft stehen wie hingesetzt vergilbte runde Kuppen, auf denen sich nur windgebeugte Kiefern und Gräser halten. Eisengerippe und herabgestürzte Mauern finden sich im Brachland, im Wald. Es riecht nach der Feuchte aufsteigenden Nebels und nach muffigem Holzfeuer.
Merkwiller-Pechelbronn, das kreuzförmig angelegte Straßendorf, durch das erbarmungslos die LKWs donnern, gibt sich spröder als andere Orte. Es erinnert daran, dass nicht nur in Mulhouse Industriegeschichte geschrieben wurde. Vielleicht wirkt es so unspektakulär, weil ihm der Kitsch und die aufgesetzte Süßlichkeit fehlen, die andere Dörfer zu einem Disneyland aus Fachwerk und Floridafarben aufmotzen. Das Dorf am südöstlichen Rande des Naturparks Nordvogesen birgt auf den zweiten Blick jedoch sensationelle Schätze. Da ist die erste industriell ausgebeutete Erdölquelle der Welt – heute noch sind die Reste des Naturasphaltes vom alten »Baechelbrunn«, der zäh und klebrig aus der Erde quillt, gegenüber dem Château Le Bel im Wald zu finden.
Asphalt und Rohöl sickern bei starken Regenfällen aus den Wiesen und sammeln sich in regenbogenschillernden

Pfützen. Die Wildschweine suhlen sich darin, bekämpfen damit Parasiten und aufgesprungene Haut. Das haben ihnen die Menschen bereits im Mittelalter abgeschaut und hier gekurt. Rohöl, das war Jahrhunderte lang erst einmal Medikament. Wo die Schweine sich schubbern, findet man an den Baumstämmen klebrigen Asphalt, der im Sommer nach Pinienharz duftet und im Frost hart wird wie Mörtel.
Noch eine Sensation hat Pechelbronn vorzuweisen: Die erste Tiefenbohrung mit Bohrturm weltweit, 46 Jahre vor den Amerikanern! Die umtriebigen Freiwilligen vom Erdölmuseum haben den zierlichen Bohrturm von 1813 originalgetreu im Wald zwischen Merkwiller und Lobsann wieder aufgebaut. Die Amerikaner entdeckten ihr Öl erst 1815 und tunkten es dilettantisch mit Lumpen aus der Erde. Damals hatte der Clan der Le Bel im gleichnamigen Schloss für die technischen Neuerungen und einen ersten kleinen Ölrausch gesorgt. Zum Glück ist die Familie auf dem Lampertslocher Friedhof begraben, denn der Zerfall ihres Schlosses in Privatbesitz ist traurig anzusehen.
Erdöl, Asphalt und Bitumen wurden im Pechelbronner Land gefunden. In der Antike war Bitumen als Judäabalsam so heilig wie begehrt. »Das Blut der Drachen« nennen viele Naturvölker diese Bodenschätze. Der Drache spukt denn auch in den alten Legenden um den benachbarten Hochwald, findet sich wieder im Ortsnamen Drachenbronn, sogar als zweifach gewundene Schlange bei einer Marienstatue, die an der Lagerstätte Marienbronn eine uralte heilige Quelle behütete. Und das, was man früher für Drachenteile hielt, gibt es ebenfalls in Pechelbronn: Versteinerungen aus der Frühzeit der Erde. Hier spuckt der Drache sogar richtig Feuer, denn die Erdkruste im Rheinabbruch ist besonders dünn, so dünn, dass sich um Soultz-sous-Forêt wieder Bohrtürme breit machen, diesmal in Grau und Rot und High-Tech: für Erdwärme.
Jetzt steigt Dampf in die kalte Luft, vernebelt die Straße.

Pechelbronner Land
Keschtewurst

Auf dem Weg durch Feld und Wald erinnert nichts mehr an die Verschmutzungen früherer Jahrzehnte. Wo der rotgefärbte Bach dampft, schickt eine Thermalquelle weiße Fahnen übers Land, am Ursprung riecht es nach Hölle: Schwefel und Eisen. Auch in der kalten Jahreszeit ist die Quelle zu heiß, um die Hand einzutauchen. Kaum zu glauben, dass die Eichenskelette im Frühjahr mit ihrem Maiengrün in Konkurrenz zu den satten Tönen der Wiesen treten werden. Wo der Mais das Land noch nicht ausblutet und Artenvielfalt wie Landschaftsformen zerstört, blühen dann seltene Orchideen, Schlüsselblumen und im Sommer eine Fülle von längst vergessenen Blumen. Solange kein Schnee liegt, wiehern auf Wiesengrundstücken und Koppeln Fjordpferde und wertvolle Turniertiere. Die Dörfer hier sind für ihre Zuchten bis nach Arabien bekannt. Weiter oben, dem Hochwald zu, wo auf dem Soultzerkopf Reste eines Keltenringes liegen, haben jetzt die trockenen Buchenblätter die letzten Kastanienschalen begraben.

Keschtewurst

Im Oktober beginnt die Kastanienernte, im November das Schweineschlachten. Wo beides sich trifft, ist »Kastanienwurst« für ein paar Wochen die begehrte Spezialität der Region. Die bekannteste kommt aus Oberbronn, dem Ort des Kastanienfestes. Als Ersatz nimmt man magere Koch-Blutwürste und gibt gedünstete Kastanien, etwas Muskatnuss, Nelke und Majoran dazu.

1 Stange Meerrettich
Weinessig, Zucker, Salz und Pfeffer
1–2 kleine säuerliche Äpfel
2 Keschtewürste pro Person

Pechelbronner Land
Keschtewurst

Den Meerrettich putzen, schälen und reiben. Sofort mit Weinessig, etwas Zucker, Salz und Pfeffer anmachen, sonst wird er rötlich. Die Schärfe wird durch die ungezuckerten, zu Mus gekochten Äpfel gemildert.
Die Würste auf kleinem Feuer in der Pfanne mit etwas Schmalz bräunlich braten und dünsten. Mit Bratkartoffeln und Meerrettichsauce servieren.

Zwei Elsässern, die 1927 den dritten Weltrekord von Pechelbronn erreichten, hat man in der Ortsmitte die Schlumberger-Stele gewidmet. Keine Bohrstelle der Welt sollte später ohne den Namen der Brüder Conrad und Marcel Schlumberger auskommen, deren Familie Houston in Texas entscheidend geprägt hat. Ob Rice Museum, Museum of Fine Arts oder Contemporary Art Museum, ob Media Center oder Universität, die Schlumberger-Tochter Dominique de Menil beeinflusste die Kultur in Texas nachhaltig und hinterließ nach ihrem Tode die weltberühmte De Menil Collection.
Im Geburtsland war man Innovationen gegenüber misstrauisch. Dort galten die Gebrüder Schlumberger zu Lebzeiten als verrückte Tüftler und durften mit wenig Unterstützung für ihre Firma PROS rechnen, die Land auf der ganzen Welt elektrisch vermaß, um Erdöl zu finden. Natürlich sagte es niemand laut, denn ihr Vater aus der Textildynastie in Guebwiller hatte Geld und Macht. Die amerikanischen Neureichen verachteten die seltsamen Geräte aus Europa aus anderen Gründen: Sie wollten schnell, einfach und vor allem ohne Mitwisser an die sprudelnden Quellen. Scharlatane, die behaupteten, mit billigen Pendeln und obskuren Zaubergeräten Öl finden zu können, bildeten eine neue, gefährliche Konkurrenz.
Doch die Brüder sind hartnäckig geblieben, haben an sich geglaubt. Kurz bevor das Vermögen des Vaters für ihre Forschungen verbraucht war, fanden sie die riesigen Pott-

Pechelbronner Land

aschevorkommen bei Mayenheim und Hettenschlag im Elsass. Und dann der letzte Versuch vor der drohenden Pleite – in Pechelbronn, Frankreichs einzigem Ölfeld. Pechelbronn eignete sich für den Versuch der ersten Tiefenmessung wie kein zweites Ölfeld der Erde, denn die Öllinsen sind mit schwerem Lehm gegen Sand und Wasser abgedichtet. Auch wenn die Gebrüder Schlumberger an diesem schicksalhaften Tag wahrscheinlich in Paris auf die Messergebnisse warteten, Pechelbronn kannten sie von ihren zahlreichen Versuchen. Im »Casino« mit seiner außergewöhnlichen Architektur, nicht weit vom damals neu eröffneten Thermalhotel Engel, haben sie gewohnt, dort, wo die Erdöldirektion ihre ledigen Mitarbeiter unterbrachte und mit Billardsaal und Bibliothek verwöhnte.

An einem sonnigen Septembertag ist es soweit. Keiner der Beteiligten ahnt auch nur die technische Revolution, die sich ankündigt, niemand wagt zu vermuten, vor einer Weltpremiere solch ungeahnten Ausmaßes zu stehen. Die Ingenieure glauben, sie würden nun lediglich in der Senkrechten den Widerstand des Bodens messen und damit nur wiederholen, was sie jahrelang in der Horizontalen gewohnt waren. Zu dritt rückt das Team am Montag, den 5. September 1927 an. Ziel des betagten Lieferwagens ist ein Wiesenstück am Waldrand mit Blick auf den etwa einen Kilometer entfernten Kirchturm des Dorfes Dieffenbach: Bohrung Nr. 2905, Bohrturm Nr. 7. Diese Zahlen werden um die Welt gehen.

Aus dem Wagen steigen die drei leitenden Techniker der PROS, Henri-Georges Doll, Schwiegersohn Conrad Schlumbergers, der Schweizer Charles Scheibli und Roger Jost, den die Direktion ausgewählt hat, weil er als einziger die elsässische Sprache beherrscht. Jost zitiert später in seinen Erinnerungen, die im Museumsarchiv liegen, den Bohrmeister Monod, der damals noch Hittler hieß und aus Abscheu seinen Namen 1939 änderte: »Als ich sah, wie sie

Pechelbronner Land

in einem kleinen, alten Citroën-Lieferwagen mit ihren Geräten ankamen und wie sie dann etwas später eine Art gelben Fisch aus Karton herunterzogen, an dessen Ende dünne Kabel hingen, die noch nicht einmal die Stärke eines Bleistiftes aufwiesen, da war ich nicht nur neugierig, sondern vor allem beunruhigt.«
Da stehen sie nun nebeneinander, die »feinen Herren« aus Paris, mit ihren wenig Vertrauen erweckenden zarten Instrumenten, und die einheimischen Helfer im groben, dunklen Arbeitsanzug oder fest eingepackt in Overalls, mit Schirmmütze und Holzschuhen. Der gut aussehende Henri-Georges Doll, stets geschniegelt und gebügelt, ist verantwortlich für Messungen und Aufzeichnungen, der Elsässer Jost hält den Kontakt zu den Arbeitern in ihrer Landessprache und überwacht die Messungen. Als Mann für alle Eventualitäten hetzt der Schweizer Scheibli von Kabel zu Kabel, von Maschine zu Messgerät.
Das Abenteuer kann beginnen. Eine Konstruktion, die an eine römische Waage erinnert und die Spulvorrichtung hält, wird direkt über dem Bohrloch installiert. Bleiwürfel werden es später ermöglichen, das Gleichgewicht der drei Kabel zu halten, die hier abgelassen werden. Noch müssen Kabelverbindungen und Anschlüsse mit Isolierband abgeklebt und in die richtige Position gebracht werden. Die Attraktion jedoch ist die Sonde, die einem gelben Fisch aus Papier ähnelt und beim Bohrmeister einigen Zweifel weckt. Jost stöhnte noch siebzig Jahre danach: »Wir waren damals schon mutig, eine solche Sonde in ein Bohrloch herabzulassen!« Mutig war die Gruppe auch, sich nicht lächerlich zu machen. Konnte man den dünnen Fisch noch verstehen, so war die Erfindung, das Widerstandsrelais mit einer ölgefüllten Membran zu schützen, wirklich witzig anzusehen: »Mit der Injektionsblase aus rotem Gummi sahen wir aus wie eine Gruppe von Tierärzten.«
Einer der Tierärzte mit gelbem Fisch und roter Gummi-

blase, nämlich Scheibli, gerät während der Messungen in einen seltsamen Dialog mit einer Fahrradklingel. Jedes Mal, wenn die Klingel »Ding!« macht, schreit er »Halt!« und Doll zeichnet. Angestellte der Gebrüder Schlumberger arbeiten mit den einfachsten, aber effektivsten Mitteln. Die Spulentrommel hat genau einen Umfang von einem Meter, gemessen durch einen Klöppel, der nach jeder Umdrehung auf eine Fahrradklingel schlägt. So wissen die Arbeiter, wann die Winde anzuhalten und eine Messung zu machen ist. Ähnlich primitiv und wirkungsvoll ist die fischförmige Sonde aufgebaut.

Betrieben werden die Geräte mit einer 36-Volt-Batterie und einfache Wandstecker leiten den Strom in die Kabel. Das einzige wirklich eindrucksvoll aussehende Gerät ist das Potentiometer auf seinem Dreibeinstativ. Es ähnelt einem umgebauten, flachen Fotoapparat. Trotz der technischen Risiken, dass Material brechen könnte, wissen die Mitarbeiter, dass sie risikolos auf 270 m Tiefe gehen können. Jost bedient das Potentiometer, die Arbeiter drehen langsam an der Winde und Scheibli verstärkt die Fahrradklingel mit seinem »Halt!«

Dies ist der Moment für Doll, Josts gemessene Werte in ein Heft einzutragen: »Der Rechenschieber wird zweimal zu Rate gezogen und ein Triumphschrei ertönt: ›Es klappt! Die Kontrolle ist in Ordnung!‹« Mühsam gehen die Messungen der ersten 140 Meter vor sich. Nach jedem Halt müssen die Kabel aus den Steckern gezogen werden. Man kurbelt einen Meter hoch und kann wieder verstöpseln. Da klemmt es öfter, und doch entsteht ein Erfolgsgefühl.

Dann wird alles an die Oberfläche gezogen und abgebaut. Die Sonde, die im Turm hängt, wird von ihrem Gewicht befreit. Der Bohrschlamm aus den Bakelitröhren platscht hinunter und bespritzt vor allem den perfekt gekleideten Doll. Der überlässt Scheibli und Jost die weiteren Messungen und fährt mit den Ergebnissen so schnell wie möglich nach Paris. Sein verblichenes, bräunliches Log auf Millimeterpapier hängt heute im Erdöl-Museum von Pechelbronn – unscheinbar – schwer zu entziffern wie die Bedeutung jenes 5. Septembers 1927. Im Erdölmuseum mit angeschlossenem Technikpark ist die Zeit stehen geblieben. Es riecht heimelig nach altem Schulhaus, nach Staub und Metall. Wer mag, kann mit den polyglotten Führern in einem zweistündigen Parcours entdecken, was sich hinter den geheimnisvollen Ruinen und Minenbuckeln verbirgt.

Eine Weltsensation soll hier stattgefunden haben? Was ist so besonders an der dünnen Kurve auf dem Log? Es ist die erste elektrische Bohrlochvermessung der Welt. Es ist das erste Mal, dass Menschen mithilfe von Strom nach ergiebigen Öllagern und Bodenschätzen suchen können, ohne teure Probebohrungen machen zu müssen. Es ist der Grundstein zu einem der erfolgreichsten Konzerne der Welt, ohne den Jahre später keine Ölgesellschaft mehr auskommen wird. Die zittrige Kurve aus Pechelbronn, die wie ein EEG der Erde aussieht, ist aber vor allem die Geburt der modernen Geophysik.

Sie illustriert die erste und einzige Methode, herauszufinden, wie die Erde unter der Oberfläche gestaltet ist und die Geheimnisse verschiedener Gesteine und Flüssigkeiten zu lüften sind. Schlumberger Ltd. mit Sitz in New York zählt heute zu den hundert größten Firmen der Welt. Kaum einer ahnt, dass der finanzkräftige »amerikanische« Konzern das Licht der Welt 1919 im Elsass erblickte, zu beiden Seiten des Großen Teichs verlacht. Der Messung in Pechelbronn haben es die Gebrüder Schlumberger zu verdanken, dass aus verspotteten Ideen und hoffnungslos erscheinenden Versuchen der Traum vom großen Durchbruch doch noch in die Tat umgesetzt werden konnte.

Französisches Erdölmuseum: www.musee-du-petrole.com

Dezember
Freilichtmuseen
Le Kitsch und la Nature

Im Dezember wird die Beziehung zwischen mir und Lucie regelmäßig auf die Probe gestellt. Lucie ist weihnachtssüchtig und jammert schon Anfang des Monats, wo der Schnee fürs Fest bliebe, obwohl es selten welchen gibt. Ich fliehe lieber den Konsumrummel und freue mich darüber, dass ich in warmen Wintern an der Südwand meines Hauses die letzten Rosen pflücken kann.
Ihr zuliebe fahren wir also zum berühmtesten Weihnachtsmarkt nach Straßburg, bewundern den viele Stockwerke hohen Weihnachtsbaum auf dem in Licht gebadeten Kleberplatz und schlendern in Richtung Altstadt. Schon in der ersten festlich geschmückten Gasse wird das Schlendern zum Stocken und Schleichen. Die Menschenmenge spuckt Käufer in die Läden. Eine Boutique hängt bis zum ersten Stock voller Pakete in rot-goldenem Glitzerstoff, die Fichtengirlanden tragen winzige goldene Lichter, umschleiert von bronzefarbenem Organza. Es duftet nach heißen Maronen, die die klammen Finger und den Bauch wärmen. Eine Wolke süßer Aromen, von Marshmallows, Lakritzen und künstlichen Früchten weht aus einem Laden, an dessen Fassade nikolausbemützte Teddybären Schlitten fahren. Metergroße Glitzerfolienschleifen hängen unter den Fensterläden und die aus Amerika importierten dickbäuchigen Weihnachtsmänner klammern sich an die wackeligen Regenrohre mittelalterlicher Häuser.
Der Weihnachtsmann ist Ausländer. Im traditionellen Elsass bringt das »Chrischtkindel« die Geschenke, eine feenhafte Frau in weißem Gewand, mit einer Lichterkrone auf dem Kopf. Manchmal berührt die Lichterfee oder »Dame

Freilichtmuseen
Baeckeoffe

Abondance« (Dame Überfluss) Menschen sanft mit der Rute: sie »füllt mit Leben«.

Baeckeoffe

Für 4–6 Personen:
1,5 kg Fleisch ohne Knochen (zu gleichen Teilen Schweineschulter, Lammschulter, Rindfleisch aus der Schulter)
2 Stangen Lauch (nur das Weiße)
2 große Gemüsezwiebeln
250 g Karotten
1,5–2 kg fest kochende Kartoffeln
Butter
ca. 35 g grobes Salz und 5 g weißer Pfeffer
1 Schweinefuß (vom Metzger klein gehackt)
100 g Mehl und etwas Wasser

Für die Marinade:
4–8 Knoblauchzehen
1–2 l trockener Riesling oder Sylvaner
3–4 frische Zweige Thymian
2 Lorbeerblätter

Das Fleisch in mittelgroße Stücke schneiden, Lauch und Zwiebeln putzen bzw. schälen und in Ringe schneiden. Karotten schälen und vierteln. Für die Marinade die Knoblauchzehen schälen und halbieren, mit 1 l Weißwein und mit den restlichen Zutaten vermischen. Fleisch und Gemüse darin 24 Stunden ziehen lassen, dabei öfter wenden.
Das Fleisch herausnehmen und die Karotten in Scheiben schneiden. Die Kartoffeln schälen und ebenfalls in Scheiben schneiden. Den Backofen auf 220 °C vorheizen.
Eine große, hitzebeständige Steingutterrine mit Butter einfetten. Die Zutaten in dünnen Schichten hineinlegen. Zuerst die

Freilichtmuseen
La Choucroute

Zwiebeln, dann die Kartoffeln, Karotten, Fleisch und Lauch. Mit Salz und Pfeffer würzen. Das Ganze wiederholen. Den Schweinefuß zum Gelieren auf das Fleisch legen und andrücken. Mit der Marinade und falls nötig Wein zu zwei Dritteln bedecken. Aus Mehl und Wasser einen Teig kneten, zu einer länglichen Wurst formen und auf den Rand der Terrine legen. Den Deckel darauf setzen und die Terrine hermetisch verschließen. Im Backofen 1 Stunde garen, die Temperatur auf 180 °C herunter schalten und weitere 2 Stunden garen.
Den Baeckeoffe haben früher die Frauen zum Waschtag vorbereitet und morgens beim Bäcker abgeliefert. Im Bäckerofen schmorte die Köstlichkeit bis zum Abholen. Heute sind Baeckeoffe und Choucroute typische Winteressen, die lange köcheln, aber wenig Arbeit machen.

La Choucroute

Für 6 Personen:
1 große Zwiebel
1–2 Knoblauchzehen
2 gehäufte EL Gänse- oder Schweineschmalz
300 g Räucherspeck (in Scheiben)
1/2 Schnapsglas Kirschwasser
2 kg Sauerkraut (mehrmals gewaschen und falls sehr salzig oder sauer, zuvor in Wasser gebrüht)
1,5 kg geräucherte Schweineschulter oder Kassler
mindestens 6 Wacholderbeeren
1 TL Korianderkörner, 2 Lorbeerblätter, 2 Nelken
1/2 TL weiße Pfefferkörner (grob zermahlen)
300 g Pökelspeck (in Scheiben)
trockener Riesling oder Sylvaner
6 Straßburger Würste oder Wiener
3 Montbéliard-Würste oder grobe Kochwürste
1–2 Pellkartoffeln pro Person (traditionell rote Kartoffeln)

Freilichtmuseen
La Choucroute

Zwiebel und Knoblauch schälen, Zwiebel klein schneiden, Knoblauch zerdrücken. In einem großen Topf das Schmalz zerlassen und Zwiebel, Knoblauch und Räucherspeck darin anbraten. Mit Kirschwasser ablöschen. Die Hälfte des gut ausgedrückten Sauerkrauts dazugeben und vermischen. Die Schweineschulter in Portionen teilen. Die Gewürze, die Schweineschulter und den Pökelspeck in Scheiben darauf legen. Das restliche Sauerkraut darüber geben und gut andrücken. Das Kraut zu zwei Dritteln mit Weißwein bedecken. Bei kleiner bis mittlerer Hitze im geschlossenen Topf mindestens 1 1/2 Stunden köcheln, dann die Würste auf das Sauerkraut legen und erhitzen. Die Pellkartoffeln kochen und dazu reichen.
Choucroute mit Fisch würzt man auf 1 Kilo Sauerkraut mit ca. 10 Estragonblättern und mischt 3–5 geriebene Karotten darunter. Für 6 Personen etwa 1,8 kg von drei verschiedenen Fischen rechnen (z. B. Lotte, Räucheraal, Schellfisch, Zander), dazu 18 große Crevetten. Für einen festlichen Anlass gibt man zum Schluss Crémant (franz. Sekt) hinzu und etwas Crème fraîche.

Zum Münster hin geraten Lucie und ich in den Weihnachtsrausch, den ich hasse. Kitschware aus Südostasien, Plastikkugeln, Lichterketten und Popeye als Weihnachtsmann. Ab und an eine Waffel, die so viel kostet wie ein kleines Steak. Das Geschiebe wird unerträglich. Ich traue meinen Ohren kaum, als Lucie vorschlägt, schleunigst zu verschwinden. Auch sie weiß, dass es das alte Kunsthandwerk, wie die filigranen Glasbläsereien aus Meisenthal, eher in Kaysersberg oder Val de Villé gibt.
Wir sind schnell auf der Flughafenroute und zweigen ab Richtung Obernai. Wir haben Hunger und die Strecke ist ideal für einen abendlichen Gourmetabstecher nach Blaesheim an der Straße der Choucroute. Dort zelebriert Philippe Schadt die hohe Kunst des traditionellen Gerichts. Die Straße mit dem Emblem eines im Sauerkraut sitzenden

Freilichtmuseen

Storches zieht sich bis nach Geispolsheim und Erstein, etwa dreißig Restaurants variieren das bäuerliche Wintergericht mit Fleisch oder Fisch, Fasan oder Wild. Diese Idee zur Förderung der Choucroute kam Philippe Schadt natürlich beim Anblick Sauerkraut essender deutscher Touristen – in Bangkok!

»Weißt du, wir benehmen uns, als müssten wir in zwei Tagen ein Elsass-Rundumpaket absolvieren!«, lacht Lucie.

»Dann aber morgen ab ins Kitschland«, schlage ich grinsend vor, »wir könnten dabei die Weihnachtsmärkte von Ribeauvillé und Kaysersberg mitnehmen. Die sind gemütlicher. Und echte Elsässer Spezialitäten wie Berawecka und Lebkuchen und Bredele gibt es dort auch!«

Am nächsten Morgen lacht Lucie immer noch über mein Reiseziel und witzelt: »Kitschland – du meinst Affen, Störche und Kaiser Wilhelm!?«

Natürlich sind die Affen im Moment nicht zu besichtigen, obwohl wir mit den Straßen Glück haben. Es ist mild und trocken, der Schnee kommt lieber im Januar. Auf die Montagne de Singes, den Affenberg neben der Hochkönigsburg, fährt man am besten ab Juni, wenn die Kleinen geboren werden. Im Sommer kann es dann schon mal vorkommen, dass die etwa 280 Berberaffen, die hier frei in 20 Hektar Vogesenwald leben, sich über die seltsamen Wesen den Kopf kratzen, die busweise in die Landschaft geschüttet werden.

»Ich finde das affig, so einen Streichelzoo neben Kaiser Wilhelms Kitschburg einzurichten«, meint Lucie.

Ich lächle. »Weißt du, ich finde es raffiniert. Die Besucher, vor allem die Kinder freut es. Und die Wissenschaftler auch.«

»Wissenschaftler? Auf dem Affenberg?«

»Ja, Berberaffen sind vom Aussterben bedroht. Wild gibt es nur noch etwa 14 000 Exemplare in Marokko und Algerien. Hier erforscht man ihr Verhalten und wildert den Nachwuchs im marokkanischen Atlasgebirge aus. Aber

Freilichtmuseen

irgendwie will das finanziert sein. Und beim berühmten Adlerflug in den Burgruinen von Kintzheim ohne ›e‹ ist es genauso.«

Das Erlebnis ist grandios, wenn Adler mit unglaublicher Spannweite, Geier und Eulen von den Burgruinen starten, den Besuchern über die Köpfe rauschen, ihre Runden im Aufwind der Berge drehen und bei ihren Dresseuren auf der alten Mauer landen. Wenn schließlich ein riesiger Gänsegeier friedlich in den Schoß eines Kindes hüpft, hält die Menge den Atem an. Spielerisch wird ihnen so vermittelt, dass Geier Gehzehen, aber keine Krallen haben.

Die von vielen als Kitsch empfundene Hochkönigsburg – vom Grundfelsen bis zur Turmspitze akribisch restauriert und touristisch animiert – setzt inzwischen auch Forscher in Erstaunen. Der Architekt, der während der Besatzungszeit in dem alten Gemäuer Kaiser Wilhelm verherrlichen sollte, hatte mehr authentische Vorlagen und Handschriften des Elsass zu Rate gezogen, als bisher vermutet. Viele wagen sich zwar im Winter nicht hoch, aber wenn die Dächer der Burg wie auf unserer Fahrt schneebedeckt sind und die Bergwälder pudrig im Morgenlicht glitzern, ist es ein unvergleichlicher Anblick.

Auch in Hunawihr in der Nähe des anderen Kientzheim mit »e« will man Menschen sensibilisieren und Tiere schützen. Der malerische Ort mit der Wehrkirche auf einem Hügel mitten im Weinberg ist nicht nur wegen seiner edlen Tropfen bekannt.

Otter und Störche werden hier betreut und aufgezogen, später kam eine Schmetterlingsstation dazu. Dem Storch, ihrem Symboltier, hatten die Elsässer in den Siebzigern bis auf neun Paare den Garaus gemacht, weil sie die letzten Sumpfwiesen trocken legten. Böse Zungen behaupten, man habe den Störchen ganz einfach die Nahrungsgrundlage weggefressen. Tatsächlich futtert man aber die Froschschenkel längst anderen Tieren in anderen Ländern weg.

Freilichtmuseen

Storchenstationen wie in Hunawihr haben das Bewusstsein für die natürlichen Zusammenhänge geschärft und die Verantwortlichen zu besonnenerem Landschaftsbau bewegt. Inzwischen brüten wieder rund 200 Paare im Elsass. Jetzt sind ungeschützte Hochspannungsleitungen, Straßenverkehr, Umweltgifte und mehr oder weniger legale Jäger auf den Wanderrouten die größten Feinde. Die Wissenschaftler versuchen deshalb – zum Teil bereits erfolgreich – den Tieren den Wandertrieb zu nehmen, weil sie schneller dazu lernen als der Mensch. Es gibt also in den Stationen auch im Winter einige Exemplare.
Auf unserer Route lassen sich nicht nur Tiere besichtigen, sondern auch Menschen. Wir reservieren gleich zwei Tage für das Écomusée in Ungersheim, wo es in der Hochsaison Massenaufläufe gibt. Im bedeutendsten Freilichtmuseum Frankreichs wird geforscht, recherchiert, bewahrt. Wie eine lebendige Datenbank präsentiert man Kultur, Technik und Leben der Region. Hier können Neugierige lernen, wie man mit alten Techniken Fachwerk verputzt, wie man Holzkohle brennt und früher töpferte, aber auch, wie Elsässer die Feste feierten, als die Riten noch ursprünglich waren. Hier ersteht Weihnachten wie aus dem Märchenbuch der Großmutter. Nikolaus, Hans Trapp, der elsässische Knecht Ruprecht, und Chrischtkindel – sie wohnen in Ungersheim. Das alte Wissen, von Einheimischen in Szene gesetzt, ist pures Erlebnis – Schmecken, Hören, Sehen, Riechen, Fühlen. Martin Graff, Filmemacher und Autor, nannte seine Heimat einmal eine »gastro-touristische Fata-Morgana«. Im Écomusée ist diese Illusion perfekt, haben die Klischees der Vierfarbprospekte Gestalt angenommen. An Issenheim fahren die meisten deshalb vorbei. Denn der berühmte Isenheimer Altar von Matthias Grünewald, der an die Alpträume eines Hieronymus Bosch erinnert, ist schon zu sehr mit dem Museum Unterlinden in Colmar verbunden, wo er zu besichtigen ist. Im Mittelalter

Freilichtmuseen

gerieten Menschen epidemieartig in schreckliche Krämpfe, Fieber und Wahnvorstellungen. Dieses so genannte St.-Antons-Feuer kam aus verunreinigtem Getreide – vom hochgiftigen Mutterkorn. Für diese Kranken hatten die Hospizmönche Issenheims den Altar bestellt, dem die mittelalterliche Schreibweise erhalten blieb.
Jahrhunderte später bescherte vielen der Hartmannswillerkopf (Vieil-Armand) in der Nähe von Ungersheim Alpträume. Im Ersten Weltkrieg trank der Berg Blut, wechselte vier Mal die Nationalität. 30000 Gefallene schätzt man. Für das Elsass ein weiteres Denkmal für das frühere Ausgeliefertsein zwischen Frankreich und Deutschland. Mit dem Ossuarium und den drei Kapellen am Col de Silberloch eine Erinnerung, dass hier Katholiken, Protestanten und Juden gemeinsam ihr Leben ließen. Zur gleichen Zeit zerriss in der Ebene unter dem Berg die Landschaft in den offenen Pockennarben des Pottasche-Abbaus – bis der moderne Alptraum des Grubensterbens Massenarbeitslosigkeit brachte.
Zwischen diese Alpträume haben sie das künstliche Idyll des Écomusée gepfropft. Gar nicht dumm, denn was will man mit einer Abraumlandschaft sonst anstellen? Das Elsass wird bei Ungersheim zum Vergnügungspark aus historischen Häusern, alten Werkstätten und Animation in Kostümen. Und trotzdem lohnt es sich auch für den Illusionsverächter.

Störche und Otter: www.cigogne-loutre.com
Raubvogelschau: www.voleriedesaigles.com
Ecomusée: www.ecomusee-alsace.com

Januar
Straßburg
Europa ist ein Dorf

Straßburg im Januar – ich liebe unsere »echte Großstadt« und Europahauptstadt in diesem Monat, wenn der Winter nach den Dezemberregen am frostigsten wird. Die Menschenmassen von Weihnachten sind fort – die vom Frühling noch nicht da. Ideal, um über 2000 Jahre Stadtgeschichte zwischen den Kulturen und Religionen Europas zu Fuß zu erkunden. Mein Auto stelle ich an den Knotenpunkten Cronenbourg oder Les Halles ab. Seit die futuristische Tram mit einem Säuseln durch die Stadt gleitet, gibt es nur noch Katzensprünge, Uferpromenaden, Gassenbummel. Um die rote Nase und die klammen Knie wieder aufzutauen, treffe ich mich mit Claude, dem Gärtner, und Virginie, der Architektin, in einer Winstub.

Es ist Dreikönigstag, die Lostage sind vorbei, die anderswo Raunächte heißen. Der offene Kampf gegen den Winter beginnt. Am Nachmittag waren die beiden zur Wahl des »Bohnekinni«, einem Dreikönigsbrauch, der auf vorchristliche Opferriten zurückgehen soll. Wer die »Bohne« in einem speziellen Kuchen findet, wird zum König gewählt. In vielen alten Kulturen hat man so das Opfer ausgesucht, dessen Blut die Wintergeister besänftigen sollte. Früher, sagen manche, habe man Bohnenbrei gegessen und den mit den lautesten Verdauungsgeräuschen gekrönt. Ständig muss der König mit den »Untertanen«, die sich wie die Narren benehmen, das Glas heben. Deshalb wetterte der elsässische Pfarrer Dannhauer schon 1666 gegen diese »wüste fress und saufferey«.

Zum Glück belebt sich wenigstens in den Städten die fast untergegangene elsässische Tradition der Winstub wie-

Straßburg

der, um Durst, Hunger und Neugier zu befriedigen. Man sitzt wie in der guten Stube von anno dazumal, auf spreizbeinigen Holzstühlen an Tischen mit karierten Tischdecken – die Fenster sind oft farbig verglast. Manche Weinstuben haben einen offenen Kamin oder Ofen für den Winter. Dunkel, schummrig und verräuchert ist es, mit jeder Menge Holztäfelungen. Am Tresen dudelt Elsässer Radio oder ein badischer Regionalsender, am späten Abend macht auch mal der Hausherr Musik. So wie die Pfälzer Weinstuben jenseits der Grenze mit ihren Innenhöfen und Gärten die Sommerkultur einer wärmeverwöhnten Region pflegen, scheint die elsässische Winstub vor allem dem Winter des kontinentalen Klimas Paroli zu bieten.

Wir trinken einen blumig trockenen Sylvaner aus grüngestielten Rheingläsern. Wie der Wein sind die Imbisse ländlich und einfach, aber gerade darum so köstlich. Eigentlich kommt man ja in die Winstub, um Menschen zu treffen und über Gott und die Welt zu reden. Neugierige Blicke treffen uns, als wir einen Stadtplan ausbreiten. Wir wollen den schönsten Spazierweg durch Straßburg planen, den wir im April machen wollen, wenn die Bäume blühen. Virginie ist für einen Rundgang durch die Jahrhunderte, wird aber sofort von unserem Gärtner unterbrochen. Die Jahrhunderte anschauen – das könnten wir jetzt in der klaren Frostluft viel besser.

»Wisst ihr, dass ihr durch die Stadt nur im Grünen laufen könnt? Wege durch einen Urwald, wilde Pferde, englische Parks, französische Gärten!« Seine Augen glänzen.

»Übertreibst du nicht ein bisschen?«, frage ich ihn. »Ich kenne die Baumblüte in den Straßen. Gerade im April, wenn Magnolien und japanische Kirschen blühen. Oder den Botanischen Garten hinter der Uni mit seinem alten astronomischen Observatorium …« Noch ein Vierteljahr bis dahin – ich fröstele.

Claude zwinkert und sagt: »Dann hast du mindestens

Straßburg

einen Park vergessen! Kann bei über 300 Hektar ja passieren.«
Also schwärmt er uns vor von Pourtalès beim Ortsteil Robertsau, erreichbar mit Tram und Bus und selbst jetzt im Winter ein außergewöhnliches Erlebnis.
»Der Geheimtipp ist das Château de Pourtalès – man kann dort nachmittags bis 17 Uhr 30 einen echt englischen Tee mit Sandwiches und Scones einnehmen! Und nicht weit davon wechselt die angelsächsische Idylle. Ein sandsteinroter Bau aus dem 19. Jahrhundert mit Türmchen und Stufengiebel ...«
Virginie ist gespannt: »Erzähl mehr davon!«
So erfahren wir wie unsere neugierigen Tischnachbarn von der Ferme Bussière, wo man bedrohte Pflanzenarten aus den Rheinauen nachzüchtet. Auf Straßburger Stadtgebiet liegen zwei Rheinauwälder und ein Naturschutzgebiet. Zwischen Château de Pourtalès und Château de la Cour d'Angleterre wächst einer dieser Wälder im Sumpf des Altrheins. Über den Hellwasser-Wanderweg siegt die Feuchtigkeit, totes Holz und Schlingpflanzen bieten ein ideales Biotop für Frösche und Kröten, die im Frühling ihre Konzerte geben. Am Thalerkopfweg im Süden kommt die Sonne großzügiger durch, alte Ulmen und Birken spielen Mangrovenwald, strecken die Wurzeln bei Niedrigwasser in die Luft. Farne haben in den Höhlungen alter Kopfweiden Überlebensnischen gefunden. Hier ist er, der Urwald – und die Insel der Tarpans. Diese Urpferde, die friedlich in der Abgeschiedenheit grasen, lebten vor dem 11. Jahrhundert wild in den Auwäldern des mäandernden Rheins.
Ein älterer Herr, dessen Backen fast so rot leuchten wie der Pinot Noir in seinem Glas, beugt sich zu uns und sagt: »Ihr kennt euch ganz schön aus? Ich habe ein wenig gelauscht, weil ich auch ein leidenschaftlicher Stadtwanderer bin! Ja, der Winter wird einem im Januar lang, aber zum Glück bleibt das Gras grün.«

Straßburg

Und so erfahren wir von dem langjährigen Mitglied des Vogesenclubs, der im Elsass vorbildlich kartografierte Wanderwege schafft und markiert, wie man auf 15,5 Kilometern Straßburg auf Gras statt Asphalt umrunden kann. Start ist die Tramhaltestelle Place d'Étoile südöstlich der Krankenhäuser. Auf dem mit einem roten Ring markierten Weg geht es über den Quai Fustel-de-Coulange und Quai Louis Pasteur am Illufer entlang bis Montagne Vert, wo das Denkmal Gutenbergs auf der gleichnamigen Insel steht. Am Johannistag pilgerten die Straßburger Drucker zu Ehren des Johannes Gensfleisch, genannt Gutenberg, auf die Insel. Er hatte in Straßburg zwischen 1454 und 1455 das Drucken mit beweglichen Lettern erfunden und seine Idee nach Mainz gebracht.

Durch den Park Imbs geht man und dann hinter dem Bahnhof am Fossé de Remparts entlang. Hier sind die Reste des einzigen militärisch befestigten Bahnhofs von Europa sichtbar. Schrebergärten wechseln sich an den lärmenden, stinkenden Hauptverkehrsadern ab – fast bis zur sehenswerten Cité Ungemach. Deren 138 »Pavillons« gelten heutzutage eher als ländliche Stadtvillen. Zwischen 1924 und 1925 wurden die schmucken ockerfarbenen Häuschen mit Läden, Sprossenfenstern und kleiner Freitreppe als Sozialbau für kinderreiche Familien geplant. Von hier aus ist man schnell im Europaviertel mit der grünen Lunge der Orangerie. Im 18. Jahrhundert promenierte man hier außerhalb der Stadt, heute findet man mitten im Verkehrsgetümmel englischen und französischen Gartenbau, einen künstlichen See, Statuen, Tempelchen, Ausstellungen – und den berühmten Gourmettempel Buerehiesel in einem eigens dorthin verfrachteten Molsheimer Haus von 1607.

Schließlich Hafenluft, dann der Parc de la Citadelle mit den Befestigungen von Vauban und Tarade von 1681. Über den Quai des Alpes ist es nicht mehr weit zum Ausgangspunkt. Aber noch ist Winter. Virginie schwärmt uns vor, dass man die Römerstadt umrunden und sich dann die Funde im archäologischen Museum im protzigen Palais de Rohan ansehen könne. Wir wollen das gleich am Wochenende ausprobieren, eine ideale Tour, um sich anschließend aufzuwärmen. Im Museum lägen auch die blauen Augenperlen, die beim La-Tène-Quellheiligtum am Münster zum Vorschein kamen. Legenden erzählten heute noch von einem riesigen unterirdischen See, aus dem die Neugeborenen kämen, von Zwergen durch den inzwischen verschütteten Kindlesbrunnen am Münster nach oben geschafft.

Auf einer heiligen Insel zwischen Ill und Bruche ist das keltische Straßburg als Argentorate (*argent* = Sumpf, *rate* = Festung) entstanden – im glitzernden Fluss Argentos. Der See ist kein Märchen: Das Münster und viele Häuser sind auf Eichenpfählen ins Sumpfland gebaut worden. 58 v. Chr. gründeten die Römer ihr *castrum* und bauten Straßburg unter Augustus zu einem wichtigen Handelszentrum zwischen Orient, Balkan und keltischen Regionen aus. Im 10. Jahrhundert wechselte die Stadt der Straßen und Verkehrsknoten den Namen in Stratoburgum.

Virginie empfiehlt noch andere Museen: Das Musée de L'Art Moderne et Contemporaine (Museum für moderne und zeitgenössische Kunst) am Place Jean Arp, das Architekt Adrien Fainsilber mit seiner glasgedeckten inneren Avenue und den Fensterrahmungen der Altstadt selbst zum Kunstwerk gestaltet hat. Oder das Musée Alsacien gegenüber der Ancienne Douane am Quai St.-Nicolas, wo Elsässer Leben aus alten Zeiten bewahrt wird. Dort ist das Ideal einer Guten Stube mit Kachelofen zu sehen, eine Küche, aber auch altes Spielzeug, Keramik und eine Sammlung jüdischer Kultgegenstände. Straßburg hat heute noch eine der lebendigsten jüdischen Gemeinden Europas und gilt inzwischen wieder als wichtiger Multiplikator jiddischer Kultur, ohne die weder die Geschichte der Stadt noch die des Elsass zu denken wäre.

Fremselsuppe/Riewelasuppe

100–120 g Mehl
1 Ei
Salz
2 l Bouillon oder Hühnerbrühe
gehackte frische Kräuter

Mehl, Ei und 1 Prise Salz locker verkneten. Vom Teig kleine Portionen abnehmen und zwischen den Händen zu 2 bis 3 mm langen Rollen reiben. Auf einem Tuch trocknen. Die Bouillon erhitzen und die Suppeneinlage darin ziehen lassen. Die Kräuter vor dem Servieren in die Suppe geben. Die Fremselsuppe wird häufig am Vorabend von Jom Kippur serviert. Die nicht koschere Version gibt es als Riewelasuppe und darf dann mit Crème fraîche angerührt werden.

»Was würdest du empfehlen neben den tausendmal abgenudelten Bekanntheiten?«, fragen sie mich.
»Was ist für euch abgenudelt?«, will ich wissen.
Keine Attraktionen also – wie die gotische Kathedrale mit romanischen Resten, die im Elsass »Münster« heißt und von der Einflugschneise nach Entzheim gesehen gewaltig wie ein Finger in den Himmel sticht? Auch von dem auf Gemütlichkeit getrimmten Gerberviertel mit viel Holzfachwerk und Geranien im Sommer wollen sie nichts hören. Dessen Name, La Petite France, wird heute gern auf die niedliche Atmosphäre der Gassen bezogen, leitet sich aber von einem alten Hospital für die »Französische Krankheit«, die Syphilis, ab. Ebenso wenig gilt die Wasseransicht von Les Moulins in der gleichnamigen Straße, wo einem der Atem genommen wird von vielstöckigen Fachwerkhäusern der Renaissance mit überdachten Lauben am

Wasser. 1792 haben sie hier die ersten Turbinen betrieben, um elektrische Eismaschinen für die Bierbrauer in Gang zu halten!

Mein Tipp ist schließlich das Krankenhaus. Wer kommt schon auf die Idee, in einer Großstadt das Krankenhaus zu besichtigen! Das immense »Viertel« des Hôpital Civil hinterm Illufer jedenfalls lohnt sich auch im Winter. Das Hauptgebäude beeindruckt mich immer wieder. 150 Meter Fassade, im 18. Jahrhundert auf mittelalterlichen Befestigungen gebaut. Der private Weinkeller darunter ist weltberühmt. Ein Fass von 1472 enthält noch Originalabfüllung. Die Winzer, die in diesen wertvollen Fässern lagern dürfen, vermarkten ihre edlen Tropfen als »Vin des Hospices civils de Strasbourg«. Passiert man den Durchgang zwischen Augenklinik und »Médicale A«, stößt man links auf die alte Bäckerei und die Apotheke aus dem 16. Jahrhundert. Weiter hinten, wo man zum altstadtnahen Place de l'Hôpital hinaus gelangt, befindet sich der Chor einer Kapelle, überschrieben als Theatrum Anatomicum und ein Krankenhausturm aus dem 13. Jahrhundert. Von ihm aus beobachtete man früher Sterne und Mond, als die Ärzte noch gemäß den Rhythmen der Natur heilten.

Viertelweise kann man in Straßburg Zeiten und Stile entdecken. Wie im Wettbewerb sammeln wir sie. Claude würde gerne leben wie die reichen Straßburger vor der Französischen Revolution – in den Palästen und Villen der Rue Brulée. Virginie findet das Kaiserviertel um den Parc du Contades kurios: »So lebten die Elsässer unter der deutschen Besatzung von 1870/71. Es ist eines der letzten noch intakten Beispiele wilhelminischer Stadtplanung mit allen Neo-Stilen, die damals beliebt waren.«

Zu meiner Frage nickt sie: »Ist das nicht in der Nähe der Synagoge des Friedens?« Die alte neoromanische am Quai Kleber wurde von den Nazis 1940 dem Erdboden gleichgemacht.

Straßburg
Mandeltarte

Mandeltarte

5 Eier
abgeriebene unbehandelte Schale und Saft von $1/2$ Zitrone
130 g brauner Zucker
1 Schuss Williamsgeist oder Kirschwasser
etwas Vanillemark
300 g gemahlene Mandeln
$1/2$ TL Backpulver

Die Eier trennen. Eiweiß mit Zitronenschale und einigen Spritzern Zitronensaft zu festem Schnee schlagen. In einer weiteren Schüssel Eigelb mit Zucker, Schnaps und etwas Vanillemark schlagen, bis sich der Zucker auflöst. Nach und nach die Mandeln und das Backpulver mit dem Kochlöffel in das Eigelb rühren. Der Teig soll klebrig sein und sich in großen Klumpen leicht von der Schüssel lösen. Den Eischnee vorsichtig unterheben. Den Backofen auf 160 °C vorheizen. Eine Form einfetten, den Teig hineinfüllen und etwa 45 bis 55 Minuten backen. Abdecken, falls die Tarte zu schnell braun wird.

Klar, dass unsere Architektin noch von etwas anderem schwärmt, das sonst selten die beiden Kriege überlebt hat: Jugendstil in Straßburg. Berühmt die Schule der Dekorativen Künste mit ihren farbenfrohen Keramikfresken auf der Fassade und dem getönten, säulengeteilten Hallenfenster mit Uhr. Aber auch an kleineren Villen der Jahrhundertwende, etwa in der Rue Sleidan, winden sich Balkongitter, Fensterrahmen und Mauerwülste wie Pflanzen. In der Rue des Grandes Arcades beim Kleberplatz kann man die alten Jugendstil-Geschäfte von Manrique in den Nummern 33, 35 und 37 erkennen.
»Wenn ihr friert«, sagt Virginie, »geht ins römische Dampf-

bad in den Städtischen Bädern! Das ist Jugendstil pur, mit Kupfer, Marmor, Luxus. Aber Vorsicht – das ist eine Zeitreise, die den Kalender vergessen lässt.«
»Man wird der Stadt einfach nicht gerecht, nicht in einem ganzen Jahr Spaziergang!«, stöhnt Claude.
Und das bringt mich auf die Idee, das futuristische Straßburg vorzuschlagen, angefangen an der immer noch hypermodernen Tramstation am mittelalterlichen Place de L'Homme de Fer, wo man seinen Zug unter dem durchsichtigen Dach per Bildschirm verfolgen kann.
Eine echte Zeitreise kann man jedoch bei Illkirch-Graffenstaden machen. Im Innovationspark werden moderne Forschungszentren, Technologiefirmen, Labore und Universität angesiedelt. Wer vor dem »API« der Universität steht, fühlt sich in ein anderes Jahrtausend, auf einen anderen Planeten versetzt. Rechts, die dunklen Kästen mit den Käselöchern sind noch als Gebäude auszumachen. Der schmale lange Bau in der Mitte jedoch wirkt wie ein überdimensionales Blätterteigschichtgebäck, ordentlich mit Käse belegt und mit einem Baguette-Deckel verschlossen. Wie mit einer Nabelschnur hängt es an einem auf dem Kopf liegenden Metall-Muffin, den schräge Spinnenbeinchen über der Erde zu halten scheinen. Vielleicht ist es auch nur ein Ufo – und bald wird aus den befensterten Ritzen jemand steigen und das Leitermuster auf dem versiegelten Platz entlang laufen?
Virginie, Claude und ich lachen bei der Vorstellung, Außerirdische würden dort die Straßburger entdecken. Über unserer Mandeltarte prosten wir uns zu und sind uns einig: Das »typische« Straßburg gibt es nur in Prospekten!

Museen in Straßburg: www.musee-strasbourg.org
Jüdische Kultur im Elsass: www.sdv.fr/judaisme

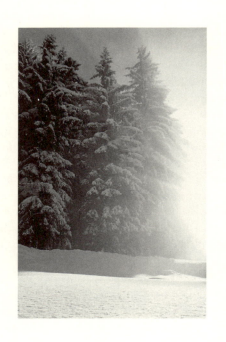

Februar
Donon, Saverne
Steinfräulein und Menhire

Wie abwechslungsreich das Elsass sein kann, erfährt man auf der Fahrt von Straßburg nach Schirmeck. Nach den Staus der innerstädtischen Autobahn und den mit Werbung bepflasterten Alukästen der typisch französischen Einkaufszentren verliert sich der Flughafen Entzheim, das Tor zur Welt, in felderbestückter Leere. Im Herbst schillert es blau und hellgrün vom Kohl, wo sich jetzt im Februar nackte Erde bis zum Horizont der Vogesenkette zieht. Die Autobahn steigt, Wälder und Wiesen rücken an die Straße heran. Schirmeck ist bereits ein Vogesenstädtchen, im Februar kann hier noch Schnee liegen. Ich fahre diese Strecke am liebsten alleine – denn keine zehn Kilometer hinter Entzheim wechseln die Welten. Wenn einen niemand ablenkt, wechseln in der Stille eines sonnigen Wintertages sogar die Zeiten.

Alle Straßen treffen sich. Die Wege führen an zwei Pässen zusammen. Departementgrenzen rücken aufeinander. Überall im Wald entspringen Quellen. Die Plaine wird hier geboren, die rote und die weiße Saar, idyllische, fast menschenleere Täler bildend. Und dort, als Mittelpunkt, ragt er majestätisch über die kleineren Berge. Er – das ist der Donon, 1009 Meter hoch und mit seinem krummen, zipfligen Gipfel von so vielen Orten aus sichtbar. Die Berge sind dicht bestanden mit dunklen Tannenwäldern und Bergkiefern, die im Frost glitzern. Über der Baumgrenze, auf den Matten, liegt schon wieder Neuschnee. Zu Füßen des Straßen-Passes Col du Donon, wo die alten Hotels stehen, verschwindet die Rheinebene im gleißenden Licht.

Donon, Saverne
Chaud-froid von roten Früchten

Chaud-froid von roten Früchten

Für das Eis:
1/4 l Milch
1 EL Zimtpulver
1 EL Lebkuchengewürz (Nelken, Anis, Muskat, Ingwer)
250 g Crème fraîche
3 Eigelb
ca. 125 g brauner Zucker

Für das Dessert:
800 g rote Früchte (z. B. Erdbeeren, Himbeeren, Brombeeren, Heidelbeeren, Kirschen; im Winter Tiefkühlfrüchte verwenden)
1/2 Glas Kirsch- oder Himbeerwasser
Zucker
4 Eiweiß

Am Vortag für das Eis die Milch mit den Gewürzen leicht erhitzen und die Crème fraîche einrühren. Das Eigelb mit Zucker aufschlagen und in der Milch verquirlen. Unter Rühren auf kleiner Flamme eindicken lassen, bis die Masse am Löffel hängen bleibt. Abkühlen lassen und in das Gefrierfach stellen. Ab und zu umrühren.
Die Früchte mit Schnaps beträufeln und nach Geschmack zuckern. In eine ofenfeste Form geben. Das Eiweiß mit 2 EL Zucker sehr steif schlagen. Den Eischnee mit einem feuchtem Löffel auf den Früchten verteilen und kleine Zipfelchen hoch ziehen. Wenige Minuten backen, bis sich die Zipfel goldbraun verfärben. Das warme Dessert mit dem Lebkucheneis servieren.

Schon sehr früh fanden die Menschen hierher, auf diese eigenartige Insel im Wellenmeer der Gipfel. Jetzt sticht der Donon wie ein mächtiger Eisberg in den azurfarbenen

Himmel. Um 3000 v. Chr. schon haben hier Menschen gesiedelt und ihre Spuren in Steinsetzungen, Schalensteinen und Gravuren auf den Bergen südlich von Grandfontaine hinterlassen. Irgendwann folgten die Protokelten. Und dann wurde er für die Kelten »dun« – der Berg, die Festung. Waren es die Kreuzwege, die sie zuerst anzogen oder das eisenhaltige Gestein? In Grandfontaine kann man noch alte Minen besichtigen. Tatsächlich trafen sich am Donon alle drei Keltenstämme, die einst das Elsass besiedelten. Den einen hat man – je nach Besatzungsmacht – des öfteren als germanisch deklariert.

Vom Norden kamen die Triboquer mit ihrer Hauptstadt Brocomagus/Brumath, die Gründer des Heiligtums unter dem Straßburger Münster. Keltisch waren auch die Mediomatriker mit der Hauptstadt Divodurum/Metz und die Leuquer mit Tullum/Toul. Ihre Nachfahren haben große Tempelanlagen auf dem Donon gebaut. Das meiste ist durch Nachlässigkeit zerstört worden, viel zu viel gestohlen, manches nie ausgegraben. Das plumpe, griechisch anmutende Tempelchen in luftiger Höhe gaukelt den Platz der Götter und Göttinnen nur vor. Es wurde 1869 gebaut, um die wertvollsten Statuen in diesem ehemaligen Museum zu retten. Heute liegen die Funde im archäologischen Museum in Straßburg, im Museum von Épinal oder stehen als Kopien vor Ort. Fanny Lacour, die Mäzenin des Berges, ließ die acht Merkurstelen und den majestätischen Jupiter-Taranis nachbilden, der seine Blitze vor dem Soldatenfriedhof am Pass schleudert. Damals sorgte der Blitzgott, der das Himmelsfeuer mit den Erdkräften vereinte, für den wertvollen Regen. Viele der archäologischen Funde sind unwiederbringlich verloren – eingemauert als billiger Füllstoff in die Talsperre von Framont.

Es war ein weltläufiges Heiligtum auf dem kahlen Hochplateau, später auch von Galloromanen und Römern verehrt. Man muss sich Zeit nehmen, um den Blick für die

Reste zu schärfen, in der Fantasie die Tempel aufzubauen. Die Pilger betraten die Hochfläche auf einem alten Weg vom Südwesten aus, noch ungestört von der modernen Privatstraße und der Fernsehstation. Gleich am Eingang links stand ein Tempel mit Türen, Fenstern und einem Ziegeldach. Archäologen haben in seinem Boden geheimnisvolle Höhlungen gefunden – vielleicht für eine Art Reinigungsstätte.

Und wieder ein Tempel, spurlos verschwunden, der etwa 20 Schritte nordöstlich des ersten lag. Ihm schräg gegenüber stand einst ein wahrscheinlich achteckiger Rundpfostenbau aus Holz. Daneben, einige Schritte auf den Abhang zu, ruht das geheimnisvolle »Auge des Donon« – ein Schacht, der fast acht Meter in den Felsen getrieben wurde, sich nach unten in Stufen verjüngend. Schaut man von oben, entsteht der Eindruck eines runden Auges. War es ein keltischer Ritualschacht? Ein Opferschacht? Oder einfach ein Sammler für das wertvolle Himmelswasser? Es ist nicht mehr festzustellen – Räuber haben ihn schon früh leergeräumt. Ganz in der Nähe entsprang damals die durch den Straßenbau verschüttete Dononquelle. Nach einem unbekannten Ritual stieg der Pilger von dort aus wieder in die Höhe, Richtung Norden auf eine natürliche Terrasse. Am Fuße des Felsblockes, der heute das Napoleontempelchen trägt, stand zur Zeit des römischen Kaisers Trajan das »Haus der Götter«, das eigentliche Ziel.

Kleine offene Kapellchen, wahrscheinlich aus Holz, säumten in jenen Zeiten den Felsen vor allem am Ostrand, um Götterstatuen zu schützen. Solche *aedicula* muss es den Funden nach bei dem riesigen Sandsteinfelsen überall gegeben haben. Der Ausblick vom Plateau ist einer der schönsten im Elsass. Bei Wetterwechsel streift der Blick bis ins Berner Alpenland. Tagsüber scheint man im Bug eines Schiffes zu stehen, das durch den Himmel fährt – all die sagenumwobenen Berge zu Füßen.

Donon, Saverne

Auf dem Donon wurde der Gott verehrt, der den Vogesen – les Vosges – den Namen gab: Vosegus. Er ist älter als alle gallo-römischen Götter, taucht an vielen Orten bis in die Pfalz hinein als Jagdgott auf, den Bogen in der Hand und Teutates in Form eines Frischlings schützend. Der große elsässische Spezialist für Vorgeschichte, Jean-Jacques Hatt, konnte durch vergleichende Recherchen Licht in den gallo-römischen Kult bringen: Im Sommer liebt die keltische Göttin Rigani, die auf dem Donon unter dem Namen Hekate verehrt wurde, Taranis, den Löwen, den Donnerer mit dem Blitz in der Hand. Die Römer sahen in ihm ihren Jupiter. In dieser Zeit steigt ihr zweiter Geliebter, Esus-Merkur, als gehörnter, hirschhufiger Gott Cernunnos in die Unterwelt hinab. Zur Wintersonnenwende, in der Mutternacht, verlässt Rigani Taranis und geht selbst in die Unterwelt zu Cernunnos.

Auch Götter waren eifersüchtig – also entbrannte ein Kampf zwischen Esus und Taranis, der mit allen magischen und grausamen Mitteln geführt wurde. Teutates, Wildschwein und Stammesgott, mischte sich ein, schickte Soldaten. Nur weil Smertulus, der gallorömische Wolfsmensch, ein Hirschopfer darbringt, darf Esus wieder Mensch werden, in die Welt zurück kommen. Rigani liebt jetzt diesen Erd- und Schöpfergott – der Winter wandelt sich in den Frühling, bis sie wiederum Esus verlässt und mit Taranis die länger werdenden Nächte durchlebt. So fremd und verwirrend diese Mythen um Werden und Vergehen im Jahreskreislauf klingen mögen – im Land um den Donon sind sie lebendig. Das Bellicus-Relief, das den Kampf zwischen Teutates als Wildschwein und Taranis als Löwe zeigt, ist als Kopie am Fundort eingemauert: etwa 20 Meter südlich vom modernen Tempelchen seitlich im Felsplateau.

Die Götterstelen erzählen ihre Geschichte in den Museen, aber das Liebesdrama zwischen Rigani, Taranis und Esus

Donon, Saverne
Schenkele

lebt in den Fastnachtsriten fort! Am ersten Fastensonntag Estomihi findet vor allem im Sundgau das »Schiweschlage« statt. Die jungen Leute schnitzen flache Holzscheiben, manchmal mit dem Namen der oder des Angebeteten verziert. Wie die Taranisräder, die brennend zu Tal getrieben wurden, sind sie Sonnensymbole nach einer kalten Jahreszeit. Man bringt sie zum Glühen, schwingt sie mit einer biegsamen Haselgerte im Kreis und lässt sie durch einen abrupten Schlag auf den Felsen ins Tal schwirren.
Dabei hat man auch die Frauen »g'fitzt«, also ihre Oberschenkel mit den Haselgerten gekitzelt. Ein »G'fitzter« im Elsässischen hat Erfolg im Leben – und die »Vermählung« von Feuer und Erde macht fruchtbar, gesund, bringt Glück und Frühling. Früher war das Schiweschlage als Heiratsmarkt für die Alleinstehenden reserviert, heute wird es auch einmal zum sinnentleerten Folklorespektakel. Das Dorf Oberbronn in den Nordvogesen bietet die Teilnahme sogar öffentlich an.

Schenkele

Als Anlehnung ans »Maidlefitze« hat man die prallen Schenkel der schönen Frauen auch in Form von Fettgebäck verewigt.

2 Eier
125 g Zucker
1 gehäufter EL Butter
1 guter Schuss Kirschwasser
ca. 200 g Mehl
100 g gemahlene Mandeln
Zucker und Zimt

Donon, Saverne
Schenkele

Eier und Zucker schaumig rühren. Die Butter schmelzen lassen und mit den restlichen Zutaten zum Ei geben. Zu einem Teig verkneten. Mit bemehlten Händen daumengroße Röllchen daraus drehen und die Enden zu Spitzen formen. Im heißen Fett ausbacken, auf Küchenpapier abtropfen lassen und noch warm in Zucker und Zimt wälzen.

Aber auch das Hirschopfer für die Menschwerdung des Esus hat überlebt. Am Sonntag Laetare geht der »Hirzgiger«, der Hirschgeiger, übers Land – er symbolisiert den Winter, die Sterilität. Aus dem Hirsch, dem wilden Mann romanischer Kirchen und dem gehörnten Cernunnos ist im Mittelalter der Teufel geworden. Die Kirche hat ihre eigenen Warnungen in die Welt gesetzt, um die Elsässer zu erziehen, die allzu gern feierten, tanzten, aßen und tranken! In Buschwiller ist die Chaosfigur vielleicht deshalb zum Hühnerdieb Iltis geworden, eine eindrucksvolle birnenförmige, nach oben zugespitzte Gestalt aus Stroh, in der ein Mann steckt. Hirsch oder Iltis werden von jungen Männern getrieben, in Ketten gelegt und schließlich auf den Mist geworfen oder die leere Hülle verbrannt. Der Winter ist besiegt, Esus steigt hoch zur Erde, wird Mensch und kann mit Rigani die fruchtbare Zeit des Jahres beleben.
Die Frauen backen am gleichen Sonntag, auch »Kiechelisonntag« genannt, Hirschhörnle oder Fettgebackenes, das auch gerne zu Hochzeiten gereicht wird. Im Sundgau wählten sie früher an diesem Tag ihre neuen Hebammen ins Amt. Die Zeit nach dem Hirschopfer gehört den Frauen – Rudimente dieser »Wiwerfasenacht« gibt es noch am schmutzigen Donnerstag. Auch am Faschingsdienstag Mardi Gras, dem Dienstag des Fettgebackenen, wurde nachts der Winter verbrannt. Heute wirft man mit Mehl, um Fruchtbarkeit und Glück zu wünschen – und der gehörnte Ehemann, der zum Hirschen wird, hat so gar nichts Göttliches mehr an sich.

Donon, Saverne
Hirschhörnle

Hirschhörnle

Für etwa 85 Stück:
125 g Zucker
2 Eier
1/2 Gläschen Rum
75 g Butter
2 gehäufte EL Sahnequark (40 % Fett)
350–375 g Weizenmehl
1 gestrichener TL grüner Anis
abgeriebene unbehandelte Schale von 1/2 Zitrone
5 g Hirschhornsalz oder 1 Päckchen Backpulver

Zucker, Eier und Rum schaumig schlagen. Die Butter schmelzen lassen und unterrühren. Nacheinander Quark, Mehl, Anis, Zitronenschale und Hirschhornsalz unterrühren, bis sich der Teig gut von der Schüssel löst und dünn ausrollen lässt. Mit einer Sonnenform oder einem Glas Kreise ausstechen. Die Kreise mit einem scharfem Messer halbieren und an der geraden Seite 3 bis 4 schräge Einschnitte machen. Zu einem Geweih zurückbiegen. Den Backofen auf 150 °C vorheizen. Ein Blech mit Backpapier auslegen. Die Hirschhörnle darauf geben und etwa 10 bis 15 Minuten hell backen. Aus dem Ofen nehmen und abkühlen lassen. Mit Zuckerglasur bestreichen. Früher rieb man echtes Hirschhorn als magisches Element hinein; Hirschhornsalz als Triebmittel ist jedoch Ammoniumkarbonat.

In der Nähe des Donon, am Lac de la Maix bei Vexaincourt, geht der Hirzgiger am Muttersee um. Heute zieht der Grusel nicht mehr, den einst der Teufelsgeiger verbreitete, der Mädchen und Jungen in die Tiefe lockte und die Tanzenden ertränkte. Zu idyllisch liegt hier einer der schönsten Gletscherseen der Vogesen. Kreisrund, vom Grün eines Aventurins und still. Die Bäume spiegeln sich in der glatten Oberfläche, Oberwelt wird Unterwelt. Der »Mutter«, im Vogesendialekt Mé (Maix), werden zur Sommersonnenwende immer noch Blumenkränze ins Wasser geworfen.

Wie an vielen Stellen im Elsass gilt auch dieser See als »Kindlesbrunnen«, aus dem die Kinder geboren und in dem verstorbene wiedererweckt wurden. Die Zerstörung der alten Kulträume, der Bau der Kapelle, die christliche Legende der Totentaufe durch Engel – nichts hat den Volksglauben ändern können. Wer hochsteigt zum Haut-du-Bon-Dieu und vor dem eindrucksvollen Dreierschalenfelsen »Les Auges« (die Mulden) steht, wird ahnen, dass diese Berge Geschichten bis in die Jungsteinzeit erzählen könnten. Wer nicht genug bekommt von verwunschenen Plätzen im Wald, von Feensagen und echten Funden von Steinzeit bis Römerzeit, der braucht nur in alle Himmelsrichtungen vom Donon aus in die Berge zu fahren. Bei Mollkirch, auf dem Sentier des demoiselles de pierre, dem »Wanderweg der Steinfräulein«, gibt es Menhire, Dolmen und Steinkreise. Richtung St. Dié liegt das keltische Camp de la Burre.

Nördlich von Raon-lès-Leau verstecken sich Megalithen, Dolmen, Menhire und eine ausgegrabene Römerstraße auf den Höhen. Südwestlich des Donon, vom Col de Prayé aus, gelangt der Wanderer in eine eigenartige Landschaft. Das teils fichtenbestandene, teils kahle Hochland birgt Schalenfelsen in außergewöhnlicher Größe. Die Vielfalt ist so groß, dass man Acht geben muss auf das, was erzählt wird. In der modernen Legendenbildung wird schnell jeder zweite Fels zum Opferplatz, Druiden huschten angeblich so zahlreich wie Touristen die Wanderwege entlang. Natürlich stammen Steinsetzungen aus der Megalithzeit und nicht von den Kelten. Deren Reste liegen selten in der

Landschaft herum, sie sind zu wertvoll und deshalb in den Museen von Saverne, Épinal und Straßburg zu bestaunen.

Saverne, das Tres Tabernae der Römer, war damals wie heute ein wichtiger Verkehrsknotenpunkt. Die Wasserwege durchkreuzen heute kleine Schiffe, die man an der Anlegestelle mieten kann. Die Atmosphäre ist unverwechselbar: Kanäle bringen im Sommer Kühlung in die Stadt und Milde im Winter, die wuchtigen Protzbauten der Kardinäle von Rohan (mit archäologischem Museum im Schloss) wechseln sich ab mit den schmalen, vielstöckigen Fachwerkhäusern der Altstadt. Ein Muss ist das Rosarium mit seltenen französischen und englischen Züchtungen. Zu jeder Jahreszeit lohnt sich der botanische Garten in der Nähe des bei Motorradfahrern beliebten Col de Saverne. Hier soll König Ludwig XIV. herabgeschaut haben, als er seinen unvergessenen Satz aussprach: »Das Elsass ist ein schöner Garten!«

Ried und Rheinauen
Urwald, Fisch und Töpfereien

März

Das Elsass ist auch ein Garten voll seltener Pflanzen und Tierarten, die anderswo längst ausgestorben sind. An kaum einem anderen Ort begegnet man so vielen Überraschungen wie im Ried und in den Rheinauen zu Frühlingsbeginn. Ich bin nach Seltz unterwegs, von wo aus eine Fähre mit Hilfe der Rheinströmung hinüber ins badische Plittersdorf gelangt. Falls sie fährt – denn im windarmen Ried, mit seinen fast subtropischen Sommern und verregneten Wintern, gehören Nebel und Dunst zum Leben wie das Wasser.
Am späten Vormittag fahre ich direkt zu Gilles und seiner Frau Marthe, in deren Vorgarten die ersten Narzissen blühen und die Tulpen Knöpfe ansetzen. Im Dorf leuchten die Forsythien. Gilles, der begeisterte Hobbyangler, ist schon kurz vor Sonnenaufgang aufgebrochen. Er wollte eigentlich, dass ich ihn begleite. Denn der 13. März ist wichtig – in seinem Gewässer der Fangbeginn für Forellen. Das Ried du Nord und das Grand Ried zwischen Erstein und Colmar sind Anglerparadiese, wo es noch Hechte, Bachsaiblinge und Zander gibt.

Zander auf Sauerampferbett

ca. 800 g Zanderfilet mit Haut
Salz und Pfeffer
Muskatnuss
2 Schalotten

Ried und Rheinauen
Zander auf Sauerampferbett

1 Knoblauchzehe
50 g Butter
Weißwein (z. B. Sylvaner)
1–2 Hand voll Sauerampferblätter
etwas Kartoffelstärke

Zanderfilets in Portionsstücke teilen und mit Salz, Pfeffer und Muskatnuss würzen. Schalotten und Knoblauch schälen, hacken und in Butter leicht glasig dünsten. Den Zander mit der Hautseite nach unten darin anbraten. Mit einem Schuss Wein ablöschen und zugedeckt 10 Minuten dünsten. Den Fisch warm stellen. Sauerampfer putzen und waschen. Den Bratensatz mit Wein ablöschen, aufkochen, den Sauerampfer darin weich dünsten. Mit wenig Kartoffelstärke binden. Sehr heiß zum Zander mit Nudeln servieren. Schmeckt auch mit Lachskoteletts.

Angeln ist nichts für mich – ich bringe die Geduld nicht auf. Wenn ich im Ried bin oder durch die Auwälder streife, kann ich nicht still sitzen und schon gar nicht meinen Mund halten. Die Begeisterung über die Natur ist einfach zu groß. Besonders die »Donnerlöcher« faszinieren mich, kleine artesische Brunnen von Grundwasser, die wie Trichter unter Wasser liegen und sprudelnd aufbrechen. Die Gallier haben sie als Heilwasser genutzt und auch heute ist dieses immer gleich warme Grundwasser von absoluter Reinheit. Die schönsten Donnerlöcher, die dem Volksglauben nach vom Blitz geschlagen wurden, sind die »Wächterquellen« hinter dem Riedhof bei Witternheim in der Nähe von Benfeld. Östlich von Benfeld liegt die Kapelle St. Materne mit einem Donnerloch an einem Spazierweg durch das Illried.
»Schau mal, da sitzt ja ein Blaukehlchen! – Hörst du das? Was knarzt und flötet da? Aha, ein Schilfrohrsänger! – Sibirische Iris, sind sie nicht hübsch? – Weißdorn, 15 Meter hoch, das habe ich noch nie gesehen! – Was riecht da so

Ried und Rheinauen

fein? Aha, Wohlriechender Lauch ... der blüht in rosa-weißen Kugeln?«
So klingen meine begeisterten Kommentare jedes Mal, wenn ich im Ried spazierengehe, denn ich bin aufgewachsen mit einem Auen-Urwald, wie es ihn heute in dieser Vielfalt kaum noch gibt – mit Bruchwiesen, in denen wir als Kinder im März mit den Händen kleine Fische fangen konnten. Schon vor der Schulzeit habe ich gelernt, dass einheimische Orchideen Knabenkraut heißen und nicht weniger schön sind als exotische Arten. Da gab es in den Wiesen Sumpfknabenkraut mit zarten Rispen von pinkfarbenen Blüten. Der Sumpfwurz hatte Ähren in rot-weiß-gelb und das Fleischige Knabenkraut magentafarbene Linienzeichnungen auf Schneeweiß und Porzellanrosa. Dazwischen leuchtete kobaltblau der Lungenenzian, der fast 40 Zentimeter groß werden kann. Alles ist groß, wild und üppig. Der Ehrenpreis mit seinen blauen Blütenrispen erreicht einen Meter, Haselnuss und Feldahorn bekommen dicke Baumstämme, Clematis rankt sich 30 Meter weit ins Gehölz. Wilde Weinreben und der Schmerwurz mit seinen scharlachroten Beeren bilden richtige Tarzanlianen.
Die meisten dieser seltenen Pflanzen gibt es heute nur noch in den Naturschutzgebieten. 50 Gehölzarten hat der Wald hier. Mit seinen bis zu sieben Höhenschichten und den Lianen wirkt er wie ein Urwald, vor allem im Sommer bei über 30 Grad und mehr als 80 Prozent Luftfeuchtigkeit. Die Myriaden von Schnaken werden inzwischen biologisch eingedämmt, aber die Bremsen mit ihren brennenden Stichen sind immer noch lästig.
Naturschutzzentren versuchen, bedrohte Tier- und Pflanzenarten neu einzuführen oder zu erhalten – mit wechselndem Erfolg. Denn der größte Feind ist der Mensch. Industrie und wuchernde Vororte fressen das Ried. Flussbegradigungen, Drainagen und Kanalbau trocknen die Landschaft aus. Auch im Ried drängt sich der monotone

Ried und Rheinauen
Schwimmende Insel

Mais ins Land, laugt die Böden aus, wird überdüngt, gespritzt. Diese Monokultur lässt keinen Platz für einheimische Flora, die Erde liegt viel zu lange brach im Jahreslauf. Ried und Rheinauwälder werden zu Museen, die um ihr Überleben kämpfen.

Schwimmende Insel

4 sehr frische Eier
gut ¼ l Milch
6 EL brauner Zucker
¼ Vanilleschote
etwas Kartoffelstärke
etwas Zitronensaft
1–2 gestrichene EL Puderzucker

Die Eier trennen. Das Eiweiß kalt stellen. Die Milch mit dem braunen Zucker und dem ausgekratzten Vanillemark langsam aufkochen und das Eigelb unterschlagen. Unter ständigem Rühren bei kleiner Hitze kochen, bis die Masse dick ist. Nach Bedarf Kartoffelstärke dazugeben. Kalt werden lassen. Kurz vor dem Servieren das Eiweiß mit zwei Spritzern Zitronensaft und dem Puderzucker zu sehr steifem Schnee schlagen. Eischnee mit einem großen feuchten Löffel abstechen und auf der Creme Anglaise schwimmen lassen.

Marthe führt mich in den Garten hinter dem Haus, wo eine selbst gebaute Konstruktion aus einer Metalltonne auf die gestern gefangenen Fische wartet. Wir wollen räuchern. Sie hat bereits das lange Ofenrohr abgebaut und öffnet die Tonne. Vier unterarmlange Lachse hängen am Gestell. So duftet kein gekaufter Lachs!
»Das gibt's nicht!«, staune ich, »ich dachte, Lachse im Rhein zu fischen sei verboten? Und so große?«

Marthe lacht und legt die goldenen Fische behutsam auf ein Holzbrett mit Saftrinne. »Die hat unser großer Fischer im Supermarkt geangelt ... war grade im Angebot. Und im März ist die letzte Gelegenheit zum Kalträuchern. Später kühlt der Rauch im Rohr nicht mehr genügend ab.«
Die Forellen, die wir jetzt an die Haken hängen, sollen warm geräuchert werden. Das geht schneller, trocknet sie weniger aus, sie sind nur nicht so lange haltbar. Weil Gilles und Marthe wenig salzen und nur etwas Lorbeer und Wacholder auf die Buchenspäne geben, schmecken die Fische nachher nach dem eigenen Aroma. Marthe streut Buchenspäne nach, zündet den Campinggasbrenner und legt den gelochten Deckel auf die Tonne.
»Komm, die Zeit reicht locker für ein Fischerfrühstück!«
Das bedeutet bei ihr, dass es garantiert keinen Fisch gibt – aber einen saftigen, wacholderduftenden Wildschweinschinken mit Bauernbrot. Ein befreundeter Jäger tauscht mit Gilles die Räucherware, um Abwechslung im Speiseplan zu haben. Neben den Essbrettchen stehen graublaue Tonbecher mit leuchtend kobaltblauen Streifen und ein Weinkrug von der gleichen Art, in den Weintrauben eingeritzt und blau und grün glasiert sind.
»Hast du das aus Betschdorf?«, frage ich neugierig.
»Ja, der Wein hält einfach schön kühl darin!«
Nachdem wir uns mit einem Auxerrois zugeprostet haben und vom aromatischen, mürben Schinken kosten, frage ich Marthe, was denn nun der Unterschied zwischen unseren Töpferdörfern ist. Soufflenheim und Betschdorf liegen zwischen Ried und Forêt-Sainte, dem »Heiligen Wald« von Hagenau. Seit Barbarossa haben die Töpfer dort das Privileg, in den Tongruben zu graben. Sie haben sich damals entlang der Hauptstraßen gesammelt, um die Feuergefahr für die Dörfer zu vermindern. Das Töpfereimuseum in Betschdorf zeigt, dass die Kunst hier schon seit dem Neolithikum betrieben wurde und unter den Galliern zu seltener Blüte ge-

langte. Das Töpferhaus in Soufflenheim konzentriert sich auf die Entwicklung der Techniken durch die Zeiten. Beide Dörfer sind so verschieden wie ihre Töpferware.
Betschdorf mit seinem grau-blauen Salzsteinzeug ist das idyllischere, mit Fachwerkhäusern und vielen Blumen in einer sanft gewellten Ackerlandschaft mit Hopfenstangen gelegen. Soufflenheim, ein Straßendorf und Verkehrsknotenpunkt, hallt von Lastwagen und Busladungen von schwatzenden Touristen, die im Sommer in die Kitschläden an der Hauptstraße einfallen wie die Heuschrecken. Abseits liegen Hinterhöfe, es riecht staubig-muffig nach Ton. Manufakturen sind dem Verfall preisgegeben, woanders wird gebaut. Dafür ist das Dorf in einen endlos erscheinenden Wald gebettet. Die Ware aus Soufflenheim ist beige, braun, rotbraun oder grün, pastos liegen die traditionellen Muster auf. Mit einem gänsekielbestückten Farbbehälter werden sie aufgetragen. Moderne Experimente spielen auch mal mit Giftgrellgrün oder Babyrosa, auf das kitschige Störche gemalt werden.
Marthe erklärt die Unterschiede: »Das Salzsteinzeug aus Betschdorf verträgt wunderbar Säuren, Salz und aggressivere Lebensmittel, aber keine Ofenhitze. Deshalb ist es ideal für Wein und Schnaps, zum Einsäuern von Gemüse. Es gibt kleine Tönnchen für Essig, Salznäpfchen, Behälter für Cornichons und Senf. Die Motive werden zuerst geritzt und dann mit Kobaltblau bepinselt. Man brennt bei bis zu 1350 Grad und kurz vor Schluss streut der Töpfer Mengen von Grobsalz in den Ofen. Das verdampft sofort und legt sich wie Glas um die Ware. Dadurch wird es besonders bruchfest.«
»Aha, deshalb also dieser schöne Glanz! Mir gefallen ja vor allem die alten Muster mit Hirschen, Vögeln und Pflanzen. Manchmal wirken sie wie Jugendstil.«
Marthe nickt und schneidet uns noch eine Scheibe Schinken herunter. Dann fährt sie fort: »Soufflenheimer Töpferware erinnert eher an Bauernmalerei, an die symbolträch-

Ried und Rheinauen
Matelote

tigen Muster unserer bemalten Möbel und an Fachwerkschnitzereien. Mit den Lebensbäumen und Liebessymbolen war es schon vor Jahrhunderten ein traditionelles Hochzeitsgeschenk.«
»Wegen der Aussteuer?«, frage ich. »Daraus sind doch auch die Kugelhopfformen gemacht, die Terrinen für Baeckeoffe, Matelote und Pasteten?«
Marthe nickt und sagt: »Ja. Es ist das typische Küchengeschirr. Zuerst wird es von Hand bemalt, dann die Glasur aufgetragen. Man brennt bei 900 Grad, und die glänzende Ware ist absolut ofenfest. Die Farbe wird transparent und bekommt Brillanz.«

Matelote

Für 6 Personen:
2–2,5 kg Süßwasserfische (z. B. Aal, Barsch, Forelle, viel Hecht, Schleie, Zander)
Zitronensaft
Salz und Pfeffer
Muskatnuss, etwas Thymian
2 Zwiebeln oder 4 Schalotten
2–3 Knoblauchzehen
250–300 g frische Champignons
3–4 EL Butter
300–500 ml Riesling
3–4 l Court-Bouillon (Brühe aus Gemüsen, Kräutern, Wasser und Weißwein)
1–2 Eigelb
250 g Crème fraîche
Schnittlauch und glatte Petersilie oder Kerbel

Ried und Rheinauen
Matelote

> Die Fische putzen, waschen, trockentupfen und in 5 cm große Stücke teilen. Mit Zitronensaft beträufeln und würzen. Zwiebeln oder Schalotten und Knoblauch schälen und hacken. Die Champignons putzen und blättrig schneiden. Zwiebeln, Knoblauch und Champignons in einer Pfanne in Butter glasig dünsten. Mit Wein ablöschen und einkochen lassen.
> In einen zweiten Topf zuerst den Aal, 5 Minuten später Schleie und Hecht, 10 Minuten später den Rest der Fische geben. Court-Bouillon dazugießen und im geschlossenen Topf bei nicht zu hoher Temperatur weitere 5 Minuten dünsten. Den Fisch herausnehmen und warm stellen. Den Fond mit den Pilzen mit etwas Zitronensaft, Eigelb und Crème fraîche binden. Nochmals abschmecken. Mit gehackten Kräutern bestreuen. Sehr heiß mit dem Fisch zu schmalen Bandnudeln servieren.

Auf den Treppenstufen trampelt jemand seine Stiefel frei – Gilles ist zurück mit einem guten Fang. Er hat die Forellen zwischen frische Brennnesseln geschichtet. »Das hält sie frisch«, sagt er. Wortkarg wie er ist, schnappt er sich von Schinken, Brot und Wein seine Portion und ruft im Hinausgehen über die Schulter: »Ich bin draußen, nach dem Fisch sehen!«

Wir haben ohnehin genug zu reden, weil ich wissen will, wie der Frühling im Elsass eingeleitet wird nach altem Brauch. Marthe ist nicht religiös, aber die überlieferten, von der Kirche genutzten heidnischen Bräuche kennt auch sie. Wie jede ordentliche Frau im Land stürzt sie sich regelmäßig in einen anfallartigen »Oschterputz«, von dem nichts verschont bleibt. Schon Wochen vor Ostern geht es dem Dreck an den Kragen, wird im Haus geschrubbt, im Garten, in der Scheune, auf der Straße. Die Männer, die nicht im Haus mit anpacken, waschen und polieren ihre Autos, fegen die Werkstätten. Am Osterputz scheiden sich die Geister im Elsass. Zugereiste verstecken sich und Einheimische lästern gemeinsam über die, die von Natur aus

keine Sauberkeitsfanatiker sind. Der Ursprung ist natürlich eine rituelle Reinigung für den Frühling und dementsprechend geht das auch inwendig. Am Gründonnerstag gibt es weder Fisch noch Fleisch, aber dafür neun heilende und reinigende Kräuter.
Marthe erklärt das Ninkrittelmus, das das Blut reinigen soll: »Du kannst alles nehmen, was grün ist und zu dieser Jahreszeit Vitamine spendet. Löwenzahn, Sauerampfer, Brennnessel, Kresse, Johannisbeerenblätter, Schafgarbe, Holunderblattknospen. Aber auch das Zeug aus dem Supermarkt wie Petersilie, Schnittlauch, Kerbel, Blätter von roten Beeten, Spinat oder Lauch. Nur die Zahl muss stimmen! Ich beschränke das nicht auf einen Tag. Ich fang' zum Frühlingsvollmond an und esse diese Kräuter bis zum nächsten. Gleichzeitig verzichte ich auf zu viel Fleisch und Fettes, trinke Kräutertees statt Wein. Eine wunderbare Frühjahrskur!«
»Gar nicht so unsinnig, diese alten Bräuche.«
Marthe zieht ein Gesicht und sagt: »Leider interessiert das alles nur bestimmte Leute. Heute graben Ethnologen und Museumsvereine das Wissen aus, weil die, die sich erinnern, langsam aussterben.«
Der Großteil lebt auch im Elsass zunehmend zwischen Fastfood und Mikrowelle. Zu den Festen wird in jungen Familien oft aufgetischt, was in ganz Frankreich gekocht wird, weil es eben im ganzen Land im Supermarkt angeboten wird.
»Ohne das Interesse der Touristen hätten wir doch vieles längst vergessen!«, ergänzt Marthe. »Ich bin gespannt, wann die ersten lebenden Elsässer ins Museum gestellt werden.«
»Aber das gibt es doch! Die Freilichtmuseen können über Besuchermangel wirklich nicht klagen ...«
Marthe ist aufgestanden und hat den Tisch abgeräumt. Jetzt legt sie ihren Arm um meine Schulter und zieht mich

zur Tür. »Komm, lass uns Gilles Gesellschaft leisten in der Mittagssonne, der kann dir erzählen, wo man sich Elsässer Kultur noch ansehen kann.«

Gilles sitzt auf seinem Hackklotz in der ersten Frühlingswärme und raucht genüsslich wie seine Tonne. Er weiß, wohin die gesammelten Funde aus 3000 Jahren Hagenauer Forst verschwunden sind – ins Historische Museum von Hagenau, dieses imposante Jugendstilgebäude, das schon von außen ein Augenschmaus ist. Ich erfahre eine Menge, bevor mich die beiden mit einem Räucherlachs auf den Heimweg schicken. 33 000 Hektar groß ist der Heilige Wald, der größte zusammenhängende Wald Frankreichs. In Urzeiten war er subtropischer Urwald, in der Steinzeit ein beliebtes Wohngebiet. Vor den Ausgrabungen lagen in Hunderten von runden Hügeln Menschen aus der Bronzezeit. Kelten, Römer, Alamanen – sie alle hinterließen ihre Spuren, Gebrauchsgegenstände, Waffen, Schmuck und Götterstatuen.

Heute ist es ein ruhiger Wald und ein unerschöpfliches Wander- und Radfahrgebiet. Der Orkan Lothar hat 1999 leider weite Flächen abgeholzt, vor allem die jahrhundertealten Eichenwälder. Viele Wege treffen sich in der Nähe der Straße Surbourg – Hagenau an der »Gros Chêne«, der dicken Eiche, unter der der irische Mönch St. Arbogast gehaust haben soll. Seine Klostergründung von 570 n. Chr. in Surbourg ist eine der ältesten im Elsass. Sehenswert sind noch heute die romanische Abteikirche und das winzige Oratorium.

April

Rosheim und Odilienberg
Pilgern in die Steinzeit

Ich habe es schon erlebt, dass im Elsass Weihnachten und Ostern auf einen Tag gefallen sind. Manche Zeitgenossen tauschen nämlich die letzten lamettabehängten Tannenzweige direkt gegen Eier und Forsythien aus! Neben der Weihnachtszeit ist das Elsass jedenfalls um Ostern am schönsten dekoriert. Fallen die Festtage spät in den April, ist es mit den Vorfrühlingsfreuden von Primeln, Narzissennestern und blühender Salweide längst vorbei. Nach der Schafskälte herrschen bereits vorsommerliche Temperaturen über 20 Grad. Zwischenjahreszeiten sind kurz und der Frühling erschöpft sich in seiner rasenden Geschwindigkeit. Nur in kalten Monaten und auf den Höhen blühen jetzt noch Buschwindröschen und die letzten Narzissen und Veilchen.

Als ich mich mit Béatrice und Georges in Richtung Odilienberg aufmache, herrscht Paradieswetter mit blauem Himmel und ein paar Schäfchenwolken. Adam und Eva hätten sofort ihren Wohnsitz hier gewählt. Die Streuobstwiesen liegen bunt am Straßenrand. Zart violette Schleier von Wiesenschaumkraut und die sonnenfarbenen Tupfen von Butterblumen und Löwenzahn bilden die Grundlage. Darüber schneien Pflaumen ihre Blütenblätter. Rosafarben schwellen die Apfelblüten auf. An den Waldrändern setzen Vogelkirschen weiß leuchtende Akzente. Die Pracht dauert nur wenige Wochen – aber die haben schon so manchen für immer bleiben lassen. Wir wollen über Rosheim auf den Berg der Berge, das dreigipfelige Massiv, das neben Lourdes und Mont St. Michel zu den wichtigsten Pilgerzentren Frankreichs gehört. Für die Elsässer ist es das wichtigste,

denn Sainte Odile, die heilige Odilia, wie sie im fränkischen Original hieß, ist die offizielle Schutzpatronin des Landes.
Um 660 wurde das Mädchen in Obernai blind geboren. Der Vater, Adalric oder Etticho genannt, hatte als Oberhaupt des jungen Herzogtums Elsass beträchtlichen Einfluss in adligen Kreisen. Seine Frau Bereswinde aus dem idyllischen Boersch soll niemand Geringeres gewesen sein als die Schwägerin und Cousine des Merowingerkönigs Childeric II. Der Vater hatte die Ermordung des Mädchens angeordnet; sie konnte jedoch von der Mutter und ihren Getreuen gerettet werden. Im Alter von dreizehn Jahren wurde Odilia bei ihrer Taufe wundersam von ihrer Blindheit geheilt. Sie kehrte eines Tages zum Vater zurück und übernahm dessen Kloster auf dem Odilienberg. 680 n. Chr. wurde sie zur Äbtissin ernannt und starb 50 Jahre später. In alten Heiligenkalendern und im Elsass wird sie am Luzientag gefeiert.
Wir wollen die Reise in die Welt der Odilia langsam angehen und unterwegs erst einmal im mittelalterlichen Rosheim auf späteren Spuren wandeln: denen der Hohenstaufer. In einem echten Haus der Zeit ist ein Museum eingerichtet, das zeigt, wie die Menschen damals lebten. Hinter dem ersten romanischen Stadttor muss man schon hoch und zur Seite blicken, sonst fährt man an einem der größten Kirchenschätze des Elsass vorbei. Das Stadtgebiet steigt zu einem Hügel an – und da thront auf einem weiten Platz die majestätische Kirche St. Peter und Paul aus ockerfarbenen Steinen und zaubert mit ihrem Aufbau und den lombardischen Bändern den Betrachter nach Italien!
Man muss die Wucht des romanischen Baus, den klaren Basilika-Grundriss und die durch hohe Bögen unterteilte mehrstöckige Fassade zuerst im Ganzen wirken lassen. Spätestens jetzt wird klar: die heute oft unscheinbaren Dörfer und Städtchen des Elsass haben im Mittelalter eine gewichtige Rolle gespielt. Unter den Hohenstaufern Bar-

Rosheim und Odilienberg

barossa und Friedrich II. blühte die Region wie das Rheintal kulturell und ökonomisch auf. Barbarossas Vater hatte in Hagenau eine Burg gebaut, der Sohn befestigte die Stadt und nutzte sie als Jagddomäne. Barbarossa hielt sich häufig in Obernai auf und unterstützte auch das Odilienkloster. Rosheim war so reich, dass es die Nonnen ernährte – mit dem Zehnten, aber auch durch Produkte aus dem »Dinghof«, der gegenüber der Kirche lag. Seit 1354 gehörte Rosheim wie Hagenau zum freien Bund der zehn Städte, die bis zur Annexion durch Frankreich eigenständige Republiken blieben. Ihr Zeichen, die fünfblättrige Rose, ist häufig im Mauerwerk von Häusern zu entdecken.

Der gelbe, feinporige Sandstein aus den Steinbrüchen von Westhoffen wirft das Sonnenlicht warm zurück. In exakten Winkeln legen sich Schatten auf die Mauern. Italienisch wirkt auch das Spiel des Lichts am Südportal, lässt die Bänder aus Monden, Palmetten und Eisenimitationen in Stein wie geschnitzt wirken. Als ich noch einmal zurück trete, staune ich: an den Giebeln stützen sich exotische Tiere, eine Mischung aus Löwe und Pavian, auf den Rücken von Menschen. Georges zeigt nach oben und sagt: »Wir können jetzt eine Wette abschließen, ob du alle Skulpturen und Statuen entdeckst! Ich habe im Laufe der Jahre immer wieder neue gefunden.«

Tatsächlich kann man stundenlang Neues entdecken. Ein Wesen kann ich nicht deuten.

Béatrice erklärt es mir: »Es ist ein Bär, der einen Honigkuchen verspeist. Manche sehen darin auch die Mondscheibe. Wenn du aufmerksam durch das Elsass reist, wirst du den Bären mit dem runden Kuchen immer wieder finden! Offenbar wurde der Bär hier als heilig verehrt – das siehst du vor allem in Andlau, wo er überall zu finden ist, nicht nur als romanische Statue in der Krypta. Dort haben sie lange echte Bären gehalten und Bärenführer bekamen freie Kost und Logis!«

Rosheim und Odilienberg

Die Entdeckungsreise geht im schlichten, harmonischen Innern der Kirche weiter. Ich stehe vor dem letzten Kapitell im Norden des Schiffes und staune. Rund um die Säule sehen 21 Köpfe auf mich herab, jeder anders, jeder eine Persönlichkeit. Manche scheinen mit geschlossenen Augen zu meditieren, andere blicken mich an. Heitere Gelassenheit, inneres Glück überträgt sich auf die kreiselnden Betrachter.

Georges und Béatrice wollen in Boersch Wein kaufen und mich zum Mittagessen im Kloster treffen. Ich rumple deshalb zügig durch eines der mittelalterlichen Tore und verlasse den gassenverwinkelten Ort, an Wiesen vorbei und der Domaine St. Léonard, wo der Jugendstilkünstler Charles Spindler die Maquetterie international berühmt machte. Sein Nachfahre schneidet heute filigrane Bilder von Weltruhm aus Holzfurnieren. Intarsienarbeiten sind durch ihn zu einem wichtigen Kunsthandwerk im Elsass geworden. Werke des großen Meisters sind zum Beispiel auch in der Kirche des Odilienklosters zu sehen.

In Ottrott am Fuße des Berges mache ich einen Abstecher ins Dorf und genieße die Osterdekorationen. In den Vorgärten blüht es bunt, Vögel zwitschern im Laub. An den Häusern herrscht sonnengelb vor. In Blumenkästen stecken bunte Eier an Stöcken, an einem Haus hängt ein Hase aus Weidengeflecht. Jemand anders hat seine Blumenkästen mit Hühnern und Küken aus Ton bestückt, die sich zwischen roten Zwergtulpen ducken. Natürlich ist es auch im Elsass der Osterhase, der die Eier legt. Nur kommt bei den alten Traditionen seine Bedeutung deutlicher zum Vorschein.

Ostern – das war noch zu Odilias Zeiten der erste Vollmond des Frühlings, das alte Fest des Neubeginns, der Fruchtbarkeit. Die Heilquelle soll am Ostermontag besondere Heilkräfte haben – ist der Vollmond gemeint, an dem

Rosheim und Odilienberg

Odilia nach den Gewohnheiten der irischen Kirche feierte? Der Hase, das wussten die Alten noch, ist ein Mondtier ... und weil er es so wild treibt, gibt es im Frühling auch bald Nachwuchs. Was sollte er anderes hervorbringen als das blutrote Ei des Lebens? Die Kinder versuchten ihn mit Nestern anzulocken, die Großen färbten die Eier mit Pflanzen, rot durch Zwiebelschalen oder Rübensaft. Mit dem Stichel gravierten die Großmütter Lebensbäume und Herzen ein, Sterne und Monde, Hähne und Hasen. Jede Blume, jedes Muster hatte eine Bedeutung. Damals wählte man sorgsam aus, welches Ei man wem schenkte! Liebe sollte das Mondtier bringen, wie ein alter Spruch sagt: »Dieses Ei ist weiß und rot, ich liebe dich bis in den Tod.« Goethe war so begeistert vom Elsässer Osterhasen, dass er den Brauch mit nach Weimar brachte.

Auf dem Odilienberg laufe ich zuerst zur heilenden Quelle. Béa hat mich gebeten, ihr Wasser mitzubringen. Ob es eine Wünschelrute war, mit der Odilia die heilende Quelle entdeckte? Der Legende nach schlug sie mit ihrem Äbtissinnenstab auf den Fels und heilte mit dem Wasser einen Blinden. Das Wasser kommt tief aus dem Gestein, einem Konglomerat aus Sandstein und Kieseln, das man im Französischen »Pudding« nennt, weil es aussieht wie ein Dessert mit Rosinen. Schon zu Odilias Lebzeiten wurde die gerbstoffhaltige, reine Quelle als augenheilend verehrt. Sie gibt dem Glauben nach aber nicht nur körperlich den klaren Blick, sondern öffnet auch im übertragenen Sinne die Augen, die Sichtweise.

Eine Familie hat ihren blinden Sohn her geführt. Der Vater betet am Gitter, das die Quelle im Felsrund schützt, der Sohn wäscht sich die Augen, die Stirn, trinkt drei Schluck. Eine alte Dame hat in Begleitung von zwei Freundinnen den steilen Weg auf zwei Krücken zurückgelegt – eine unglaubliche Leistung. Und da sehe ich es wieder, was die Menschen so verzaubert. Ob sie sehen können oder nicht –

ihre Augen leuchten, ihr Gesicht strahlt. Ich setze mich auf die Bank, um nicht zu stören. Unablässig, auch im heißesten Sommer, rinnt das kühle Wasser in das runde, muschelförmige Becken. Seltene Flechten und Moose, die zunehmend unter den Opfergaben moderner Esoteriker leiden, verzaubern die kleine Höhle in ein Land aus Smaragd, Steinrosa und Lichtgold. Es lässt sich hier so gut träumen, dass ich nicht gemerkt habe, wie die Pilger gegangen sind und zwei ältere Frauen Wasser zapfen.
»Endlich, endlich wieder!«, seufzt die eine.
Mich hat die Neugier gepackt und ich spreche sie an: »Sie kommen oft hierher?«
Ihre Freundin, die grauen Haare sorgfältig unter ein marineblaues Kopftuch gesteckt, antwortet auf Französisch: »Wir sind hier zu Hause. Deshalb müssen wir regelmäßig an der Quelle zusammenkommen!«
Ich muss so verdattert aussehen, dass die große Schlanke lacht und mit einem Akzent in Deutsch antwortet: »Wir haben unser Zuhause beide verlassen müssen, wegen der Familie, um zu überleben. Und da, wo wir sind, haben wir nie Wurzeln schlagen können.«
Ich frage vorsichtig, ob die beiden mir mehr erzählen möchten. Aber klar doch, wo ich auch die Sprachen wechselte, könnte ich vielleicht verstehen, wie das sei, zwischen den Stühlen zu leben. Und so erfahre ich in gebrochenem Deutsch die Geschichte einer Frau, die es aus der Ukraine in den Schwarzwald verschlagen hat. Das Schicksal, das ich auf Französisch mit Akzent höre, klingt ähnlich und endet in den Vogesen.
Die alte Dame mit dem Kopftuch erzählt weiter: »Wir haben beide eine Pilgerfahrt hierher gemacht. Otylja kennen wir von zu Hause. Wir haben uns im Kloster kennen gelernt und sind über die Jahre Freundinnen geworden.«
Die beiden verkörpern genau das, was für mich den Reiz dieses heiligen Ortes ausmacht: Viele Menschen legen hier

ihre Masken ab, werden ihre Zwänge los. Es spielt keine Rolle mehr, wer man ist, was man arbeitet, welche Sprache man spricht oder welcher Religion man angehört. Und deshalb trifft man im Kloster auf eine Fülle menschlicher Geschichten.

Fast hätte ich das Mittagessen vergessen! Wir haben vorbestellt, aber in einem Kloster läuft das Leben nach der Uhr. Wer unpünktlich ist, bekommt nichts mehr. An den langen Tischen des großen Speisesaals hinter der romanischen Stele mit Odilia herrscht familiäre Stimmung. An einem Doppeltisch sitzen nur Männer und essen das einfache Klostermahl. Schichtwechsel – sie kommen von der ewigen Anbetung der Odilia, die Männer aus dem ganzen Elsass ohne eine einzige Unterbrechung seit 1931 aufrecht erhalten. Béatrice und Georges haben bereits einen Wein vom Clos Sainte Odile vor sich stehen. Sie haben einen kleineren Tisch vorne ergattert, direkt neben den Männern von der Gendarmerie, die hier ihre Mittagspause halten und im Sommer für Sicherheit unter den Touristenströmen sorgen. Inzwischen hat der Mont Ste. Odile jährlich mehr Besucher als Stonehenge. Die beiden schenken mir ein Glas ein.

Georges fragt: »Du hast doch schon öfter hier gegessen, nicht wahr?«

»Ja. Außer im Sommer ist der Berg für mich der ideale Ort, um einmal wirklich abzuschalten, um auf neue Gedanken zu kommen. Ich miete mich dann gerne für ein paar Tage ein. Ihr werdet sehen – das Essen ist einfach, vollkommen unprätentiös, aber lecker! Ein bisschen wie bei Muttern.«

Die beiden haben einen schwärmerisch-glasigen Blick, aber ich erkenne schnell, dass er nicht meiner Erzählung gilt. Eine der Frauen, die im Kloster bedienen, ist mit einer großen Platte gekommen, stellt sie auf den Tisch und wünscht uns mit Herzenswärme einen gesegneten Appetit. Was vor uns duftet, erinnert Elsässer an früher, an große

Rosheim und Odilienberg
Zander auf Rieslingsauce

Familienfeste und ausgedehnte Sonntagsmenus. Er ist seltener geworden, der Fisch, aber im Elsass wird er noch geangelt. Die Düfte sind unwiderstehlich: Zander auf Riesling-Creme-Sauce, mit breiten Nüdle und einem grünen Salat.

Zander auf Rieslingsauce

4 Schalotten
150–200 g Champignons
ca. 30 g Butter
Salz, bunter Pfeffer (schwarze, weiße, rote Pfefferkörner, Koriander, Piment)
800 g Zanderfilet
Saft von 1/2 Zitrone
Estragon
1/4 –1/2 l Riesling
2 EL Crème fraîche
1 Eigelb
1 Bund Schnittlauch

Schalotten schälen und hacken. Champignons putzen und klein schneiden. Die Butter schmelzen lassen und Zwiebeln und Champignons darin dünsten. Mit Salz und Pfeffer würzen. Die Fischfilets darauf legen, mit Zitronensaft beträufeln und mit Salz, Pfeffer und Estragon würzen. Mit Riesling ablöschen und so viel Riesling dazugießen, bis die Filets halb bedeckt sind. Zugedeckt pochieren. Die Flüssigkeit schnell mit Crème fraîche montieren und mit dem Eigelb binden. Schnittlauch waschen, trockenschütteln, klein schneiden und darauf streuen. Mit Eiernudeln und grünem Salat servieren.

Rosheim und Odilienberg

Wen wundert es, dass wir nach unserem ausgiebigen Mahl einen Verdauungsspaziergang brauchen. Und was eignet sich besser als die so genannte Heidenmauer, die lange Zeit ein verkanntes Dasein fristete und erst jetzt archäologisch gepflegt und neu untersucht wird. Heute steht sie im Schatten des Klosters, manche Pilger sehen sie nicht einmal. Früher gab es nur sie ... drei Kreise um drei Gipfel, mit einem Umfang von etwa zehn Kilometern und mit ihrer Massivität die größte Zyklopenmauer Europas. Ursprünglich war die drei bis vier Meter hohe Mauer zwei bis drei Meter dick. Manche Blöcke messen fast drei mal zwei Meter. Ein solches Rekordwerk gibt es weder auf den mauerverwöhnten britischen Inseln noch in der megalithreichen Bretagne. Was die Mauer bergen sollte, die mit unvorstellbaren Anstrengungen teilweise an den Abgründen errichtet wurde, ist bis heute nicht geklärt.

Nie hat man zur Bauzeit passend in dem 118 Hektar großen Gebiet Siedlungsspuren entdeckt, nie Hinweise auf Kämpfe. Erst spät bauten die Römer Wachtürme an das, was sie vorfanden. Alle waren sie hier, Steinzeitmenschen, Bandkeramiker aus dem Balkan, Glockenbecherkultur, Michelsbergkultur, Kelten, Römer, Franken. Kein Wunder, dass der Berg durch die Jahrtausende, über alle kulturellen Grenzen hinweg als heilig galt.

Beim Abstieg nach einem Tag zwischen Natur und Kultur greift sich Georges an die Stirn: »Weißt du, was ich vergessen habe? Ich wollte dir in Rosheim die Stelle zeigen, wo sie bei Ausgrabungen einen der größten neolithischen Scherbenfunde in Europa gemacht haben. Die Funde liegen allerdings im Museum in Straßburg.«

»Das ist ganz gut so«, meint Béatrice, »dafür bleibt uns jetzt noch Zeit für einen wichtigen Einkauf auf dem Rückweg.«

Georges und ich schauen sie verdutzt an.

Béa sagt: »April, Frühling ... na was wohl? Ich sage nur Hoerdt bei Straßburg!«

Rosheim und Odilienberg
Spargelsalat

Wie aus einem Munde rufen wir: »Spargelsaison!« Wir sind mittendrin und die kurze Zeit, in der das »weiße Gold« reift, muss genutzt werden!

Spargelsalat

500 g gekochter Spargel (abgekühlt)
150 g feine grüne Stangenbohnen (gekocht)
2–3 hart gekochte Eier
1–2 Knoblauchzehen
frischer Estragon
Vinaigrette mit wenig Öl und viel Senf
1 kleiner Becher Bulgara-Joghurt
Salz und Pfeffer

Spargel und Bohnen in mundgerechte Stücke schneiden. Die Eier schälen und in Scheiben oder Viertel schneiden. Knoblauch schälen, Estragon waschen, trockenschütteln und beides hacken. Die Vinaigrette mit dem Joghurt verrühren, mit Salz und Pfeffer würzen. Alle Zutaten vorsichtig vermischen und mindestens 2 Stunden kühl stellen.

Mont Sainte Odile: www.mont-sainte-odile.com

Elsässer Weinstraße
Kultur auf der Zunge

Mai

Der Mai mit seiner Blumenpracht ist solch ein Wonnemonat, dass der Übergang im Elsass früher gleich zwei Tage lang gefeiert wurde. In der Walpurgisnacht reinigte man Haus und Hof von bösen Geistern. Die Glocken wurden zu Ehren Marias geläutet, der dieser Monat gewidmet ist. Ob mit Weihwasser oder heidnischen Riten – alles wurde geschützt. In manchen Dörfern erklang die ganze Nacht Peitschenknallen. »Der heilige Geist braust durch«, sagten die Leute. Nur das Maibaumschmücken am Tag danach hat sich noch hier und da erhalten. Dass jeder junge Mann seiner Angebeteten in der Nacht einen Maibaum stellte, wurde schon früh verboten, um die Wälder zu erhalten. Und dass die Frauen, die einer verachtete, einen »Schandmaien« vor der Haustür vorfanden, war kein Brauch, der sehr beliebt war bei den Opfern.

Wie heidnisch der Mai einst gefeiert wurde, zeigte sich am 11. Mai, dem Tag des heiligen Gangolf, der natürlich im gleichnamigen Dorf im Florival besonders gefeiert wurde. Männer und Frauen kauften von fahrenden Händlern »Glutterle«, wie sie heute noch manchmal in Soufflenheim getöpfert werden. Es sind Pfeifen mit einem Vogelkörper. Der Körper wird mit Wasser gefüllt und beim Hineinblasen ertönen die Balzrufe von Vögeln. Damit haben sich die Liebenden gegenseitig in die Büsche gelockt und den Monat der Fruchtbarkeit auf die natürlichste Weise gefeiert, bevor die ungemütlichen »Issheiligen« frieren machten.

Die Eisheiligen werden wärmer – und weil das Klima im Elsass immer kürzere Zwischenjahreszeiten bringt, kann der Mai sich durchaus wie Sommer anfühlen. Manche wa-

Elsässer Weinstraße
Gebackene Holunderblüten

ren bereits im Vormonat so mutig – jetzt stellen die letzten Hausbesitzer ihre Geranienkästen an die Fenster, Fuchsien und andere Topfpflanzen in die Höfe. Auch die riesigen Oleanderbüsche können nach der Winterruhe durchatmen. Der erste Rosenduft mischt sich mit dem der blühenden Holunderbüsche in den Vorgärten, gesäumt von Iris in traditioneller Fliederfarbe oder gezüchtet in Goldgelb, Rotbraun und samtenem Dunkellila an Weiß. Kindskopfgroße Pfingstrosenblüten öffnen sich in Bauerngärten. Salate, Blüten und Kräuter aus dem eigenen Garten bereichern den Speisezettel.

Gebackene Holunder- und Akazienblüten

250 g Mehl
3 Eier
1/4 l helles, nicht zu bitteres Bier
15 g geschmolzene Butter
Salz
evtl. etwas Milch und Puderzucker
Blütendolden von Holunder oder Akazie (nicht zu weit geöffnet)
Öl zum Frittieren

Eine Mulde in das Mehl drücken und Eier, Bier, Butter und 1 Prise Salz hineingeben. Vorsichtig mit dem Mehl vermischen und nach und nach zu einem Teig verkneten. Wenn der Teig zu fest wird, Milch dazugeben. Die Blüten vorsichtig abbrausen und abtropfen lassen. Nach Belieben mit Puderzucker bestreuen. Das Öl erhitzen, die Blüten am Stängel anfassen und kurz in den Teig tauchen. Im Öl goldbraun ausbacken. Warm zum Aperitif oder als süße Knabberei servieren.

Elsässer Weinstraße

Für die Winzer ist St. Urbain, der 25. Mai, der Tag der ersten Weinblüte. Früher hat man den Heiligen in Prozessionen durch die Weinberge getragen. Und früher ist man mit ihm auch harsch umgesprungen. Hatte der Heilige eine schlechte Ernte oder Frost gebracht, wurde er in den Dorfbrunnen geworfen. Sollte er Wasser saufen, wenn es schon keinen Wein gab!
Die Zeiten ändern sich, der Heilige muss jedes Jahr früher aufstehen. Denn der Wein blüht eher. Wissenschaftler von Weinbauinstituten rechnen bereits damit, dass sich wegen der Klimaerwärmung der Weinanbau in Europa verschieben wird. Man vermutet, dass die Weingärten innerhalb von zehn Jahren um jeweils zehn bis dreißig Kilometer nach Norden wandern werden. Welche Auswirkungen höhere Kohlendioxid-Konzentration und verstärkte UV-Strahlung auf die chemischen Vorgänge bei der Traubenreife haben, ist noch nicht erforscht. Am INRA (Institut National de la Recherche Agronomique) in Colmar untersucht man traditionelle Weinsorten, um sie zu erhalten, macht aber auch bereits Versuche mit gentechnisch verändertem Wein, der künftige Klimaschwankungen aushalten soll.
Colmar ist auch die Stadt, in der wir uns treffen. Aus verschiedenen Weingegenden sind wir gekommen, um uns von Marc in die Kunst der Dégustation, der Weinverkostung, initiieren zu lassen. Marc ist Amateur, also im französischen Wortsinne ein Liebhaber, aber man muss auch kein Sommelier oder Winzer sein, um Trinkkultur zu erlernen. Bernd ist aus dem Badischen gekommen und Elke kennt die Tropfen ihrer Heimat, der südlichen Weinstraße in der Pfalz. In allen drei Regionen wachsen mit einigen Ausnahmen die gleichen Trauben, mit denen aber unterschiedliche Weine ausgebaut werden.
Den Vormittag haben wir für die Stadt genutzt. Beim Gang über den Markt werden die kleinbürgerlichen Fassaden mit Weltflair verzaubert. Menschen aus allen Ecken

Elsässer Weinstraße
Crudités

der Welt beäugen Bündel von frischen Zwiebeln, Kisten voller rot leuchtender Radieschenperlen, glänzende exotische Früchte. Es wird gefeilscht, getratscht, gelacht.
Eine üppig gewachsene Dame in einem blauschillernden bodenlangen Kaftan kauft Zutaten für eine Ratatouille und zeigt einer alten Einheimischen mit grauem Sommerkleid und Hut, wo die besseren Tomaten zu finden sind. Das Sprachengewirr ist so vielfältig wie die Auswahl an frischer Ware. Hier suchen die Köchinnen aus den unterschiedlichsten Ländern ihre Zutaten. Und manche widerstehen auch nicht den Verlockungen der kleinen gastronomischen Boutiquen am Rande der Straße, in der eines der berühmtesten Schmuckstücke des 16. Jahrhunderts zu bewundern ist: Das Pfister-Haus, mit geschnitzter Galerie, Malereien und Medaillons.

Crudités (Rohkost)

a) 2 Rettiche, rot oder schwarz
b) 3–4 Karotten
c) 1 Sellerieknolle
d) 2–3 Rote Bete
e) 500 g Sauerkraut
f) 2 Kohlrabi
g) 2 Stangen Lauch (nur das Weiße)

Roten Rettich putzen, schwarzen Rettich schälen und beide grob raspeln. Karotten und Sellerie schälen und fein raspeln. Rote Bete kurz kochen, schälen und in Stifte schneiden. Sauerkraut 5 Minuten blanchieren und abtropfen lassen. Kohlrabi schälen und in Stifte schneiden. Lauch putzen und das Weiße in Scheiben schneiden. Alle Zutaten einzeln mit der passenden Vinaigrette mischen und 30 bis 60 Minuten ziehen lassen.

Elsässer Weinstraße

Crudités

a) Vinaigrette mit Traubenkernöl und Dill zubereiten
b) Vinaigrette mit Olivenöl, 1 bis 2 EL Orangensaft, dazu gehackte Petersilie und etwas gehackte Haselnüsse
c) Öl größtenteils durch Joghurt ersetzen, 1 säuerlichen Apfel oder 1 feste Birne in Stiften dazugeben
d) in die klassische Vinaigrette mit Öl, Essig und Senf zusätzlich 1–2 Knoblauchzehen und gehackte Walnüsse geben
e) Kümmel und etwas gehackten Kerbel dazugeben
f) Sauce aus gehacktem Kerbel, Zitronenthymian und Joghurt anrichten
g) mit Schnittlauchröllchen bestreuen

Bernd und Elke sind bereits am Vortag gekommen, um den »kleinen Louvre« von Colmar zu besuchen. Das Museum Unterlinden ist nicht nur wegen des Isenheimer Altars und der Kunst aus Mittelalter und Renaissance ein Muss, Kunstbegeisterte finden dort auch eine überraschende moderne Sammlung. Wir laufen in der Rue des Marchands am Bartholdi-Museum vorbei. Das sagt den beiden nichts. Aber das wissen auch manche Amerikaner nicht, die nur durch das Klein-Venedig streifen wollen. Man kann sie verstehen, denn die idyllischen Winkel an den Kanälen für den uralten reichen Weinhafen Colmar locken mit pastellgefärbten, manchmal nur zwei Fenster breiten Fachwerkhäusern, mit winzigen Gärten und Terrassen am Wasser. Aber Bartholdi? Irgend so ein Bildhauer aus dem Elsass? Er ist der Mann, der die Freiheitsstatue schuf, die Frankreich Amerika zum 100. Geburtstag schenkte!

Schwatzend sind wir bei Marc angekommen. Er steht lächelnd in einem runden sandsteinfarbenen Torbogen, führt uns in den kopfsteingepflasterten Hof zur Kellertreppe. Das schmale Haus an der Lauch zieht sich tief zu den Gärten hin. Wie viele Gebäude aus alten Jahrhunderten hat es noch einen steingefliesten Gewölbekeller, den man vom Hof aus betritt. Ideal für Wein und seine Verkostung. Es

riecht nach Feuchte, Holz, Stein und etwas pilzig. Mit dicken Pullovern setzen wir uns auf die lange Bank vor dem groben Holztisch, auf dem Gläser funkeln und Flaschen bereit stehen wie eine Armee.
Marc ist in seinem Element, denn im Hauptberuf ist er Lehrer. Seiner Vorlesung entnehmen wir, wie wichtig die Temperatur bei der Lagerung und beim Servieren ist – und dass der Wein dazwischen keinen großen Schwankungen ausgesetzt sein sollte. Bernd notiert gleich: 9–12 °C empfehlen sich für die meisten Elsässer Weine. Und dann ist da noch das Glas. Man muss darin unverfälscht die Farbe des Weines sehen können, die Aromen riechen.
»Und nur zu einem Drittel füllen!« – das weiß auch Bernd.
»Wir werden zuerst den Wein hören!«, verspricht Marc. »Nach dem Fühlen der Temperatur sind die Ohren dran.«
»Die Ohren?«, fragen wir erstaunt wie aus einem Munde.
Marc erklärt es und während er die Flasche in absoluter Stille öffnet, erfahren wir es. Der Klang, mit dem der Korken entweicht, verrät vieles über dessen Qualität und die der Lagerung. Erst nachher wird er beschnüffelt und beäugt. Mit seiner Färbung, seinem Geruch und der Ablagerung von Weinstein verrät er bereits viel über den Wein. Und es klingt noch einmal – wenn der Wein aus der Flasche ins Glas rinnt. Trocken, fast wie Glasfäden, klingt auch ein trockener Wein. Wird der Ton matter, wird der Wein weicher schmecken.
»Spitzensommeliers«, sagt Marc, »können die Rebsorten hören.«
Wir sind froh, dass jetzt die Augen gefragt sind. Der Wein wird im Licht betrachtet. Seine Transparenz verrät das Alter – und so muss auch ein großer Wein eine bis mehrere Stunden vorher geöffnet werden, um sich zu klären. Aus den Farbunterschieden liest Marc die »Robe« ab, die reich oder blass sein kann, tief oder oberflächlich. Die Reinheit des Weines ist hier zu erkennen.

Elsässer Weinstraße

Was dann kommt, kennt auch Elke. Der Wein wird kurz und schnell im Glas gedreht. Jetzt müssen wir ihn gegen eine Lichtquelle halten – denn ganz leicht und durchsichtig sind die Tränchen, die an der Innenwand des Glases herunterlaufen oder auch nicht ...

»Was siehst du jetzt an den Tränen? Ich kenne das von wertvollen, alten Bordeaux-Weinen. Und manche Weißweine bilden gar keine Tränen. Was ist der Unterschied?«, frage ich Marc.

»An den Tränen kannst du den Alkoholgehalt, den Gehalt an Glycerin und an Restzucker ablesen. Man redet von einem fetten, öligen oder cremigen Wein, wenn er viel davon besitzt.«

»Na jetzt kann ich endlich auch etwas beisteuern!«, freut sich Bernd, »im Badischen sagt man, dass die Franzosen sehr interessiert sind, dass der Alkoholgehalt beim Wein nicht zu tief sinkt. Bei uns dagegen ist der Riesling schwächer als andere Weine – stimmt das?«

Marc nickt bestätigend. »Das ist einer von mehreren Gründen, warum der Wein aus den gleichen Trauben in Frankreich und Deutschland unterschiedlich schmeckt. Wir nennen das ›Chaptalisation‹, d.h. dem Wein wird während der Fermentation Zucker zugesetzt, um den Alkoholgehalt zu erhöhen, wenn er sehr niedrig liegt. Gerade beim klimaempfindlichen Riesling ist das der Fall.«

Ich muss das noch einmal laut durchdenken: »Ein Wein bringt beim Gären also weniger Alkohol, wenn Mikroben und Hefen weniger Zucker zu Alkohol umbauen können. Aber ist das Zuckern nicht Gepansche?«

Bernd grinst: »Wir nennen das Bluff.«

Marc hat eine andere Meinung, auch wenn die nicht von allen elsässischen Winzern geteilt wird: »Nein. Wenn vor der Gärung vorsichtig gezuckert wird, bleibt nichts zurück. Der Wein wird nicht süßer, nur alkoholreicher. Der Vorgang ist allerdings etwas komplizierter, als er klingt.

Elsässer Weinstraße

Aber mit Gepansche meinst du etwas anderes. Das ist, wenn jemand nach der Gärung zuckert. Das macht den Wein süß und dir Kopfweh. Ein Unding im trockenen Ausbau!«

Jetzt ist das Riechen dran, um die Parfums der Weine zu genießen. Und tatsächlich gibt es auch da eine Kopf-, Herz- und Basisnote. Wir drehen den Wein etwas an der Oberfläche und atmen die flüchtige Kopfnote ein. Sie ist subtil, verfliegt schnell. In diesem Stadium erkennen wir, ob der Wein durch Korkgeschmack ungenießbar geworden oder durch einen Weinfehler verdorben ist. Noch etwas ausführlicher wird die Oberfläche des Weines durch Drehen belüftet, die Nase ins Glas gesenkt. Jetzt werden die Aromen aus der Flaschenlagerung frei, schwere aromatische Esther, die die Herznote bilden. Viele Elsässer Weine haben eine traubige bis blumige Herznote. Mit der Basisnote tun wir uns alle schwer – es ist der Geruch, der bleibt, wenn unsere ungeübte Nase längst nicht mehr weiß, was da alles auf sie einströmt.

»Und jetzt kommt es!«, kündigt Marc lächelnd an, indem er das Glas zum wiederholten Male zum Gesicht führt.

»Dürfen wir endlich?«, fragt Elke ungeduldig.

»Aha – die Verkostung, das Schmecken!«, rufe ich.

Endlich sieht das Ritual vor, die Flüssigkeit im Mund aufzunehmen, sie zuerst oberflächlich auf der Zunge wahrzunehmen, um sie dann mit diesem Organ in alle Bereiche des Mundes zu bewegen. Mit lächerlich aussehenden Kau- und Ziehbewegungen wandert der belüftete Wein schließlich an den Gaumen bis nach hinten, in den Teil, den der Franzose *palais* nennt. Es ist das Hauptorgan eines Gourmets.

»Auch jetzt habt ihr wieder drei Phasen«, doziert unser Weinlehrer.

Da ist der erste Eindruck auf der Zunge, *attaque* genannt. Hier entscheidet sich, wie stark und säurereich ein Wein ist. Mir gefällt Phase zwei am besten, die im »Geschmacks-

palast« stattfindet. Was die Herznote an Gerüchen bringt, bildet hier das Herzaroma der Geschmäcker. Marc lehrt uns, dass wir jetzt Geschmacksqualitäten, Komplexität und Charakter des Weines erkennen können.
»Ich fürchte, ich habe zu viel probiert – ich schmecke gerade gar nichts mehr!« Meine Stimme klingt enttäuscht nach so viel Aufwand.
Marc lacht und hat auch hier ein Trostpflaster bereit: »Das ist normal. Wir nennen das einen Geschmack mit einem Hohlraum, *avec un creux*. Plötzlich ist alles weg. Das kennst du von manchen Parfums, die du an dir selbst nicht mehr riechst. Warte kurz, konzentriere dich nicht zu sehr – und alle Aromen werden wieder da sein!«
Tatsächlich – wie ein Filmriss. Ich kann mir vorstellen, warum die aufdringlicheren Weine modisch werden. Menschen, die sich ständig künstlichen Duft- und Aromastoffen aussetzen, haben für einen feinen Wein keine Sinne mehr. Und die meisten werden deshalb auch ihre Schwierigkeiten mit der letzten Phase haben, in der es um den Nachgeschmack des Weines geht, nachdem er geschluckt ist. Bei dieser »Länge« im Mund wird tatsächlich in Sekunden gemessen, wie lange die vollen Aromen – und nicht irgendein Geschmack – im Mund erhalten bleiben. »Caudalie« nennt man die Einheit in Sekunden hier, vom lateinischen *cauda*, dem Schwanz. Ein sehr großer Wein kann 20 und mehr Schwänzchen, also Sekunden lang im Mund seine Aromen entfalten. Jedenfalls weiß ich jetzt auch, warum man bei der Weinprobe ausspuckt – man muss wirklich all seine Sinne zusammenhalten!
»Es gibt ja viele Winzer, die einen zum Herunterschlucken animieren«, erklärt Marc, »da wird der Käufer unvorsichtiger und gelöster. Wir dagegen können uns erlauben, die Qualität der Weine zum Ende hin zu steigern, ohne zu müde zu werden für die großen Tropfen.«
Am Ende sind wir doch so geschafft und benommen von

Elsässer Weinstraße
Coq au vin

den Aromen, dass wir gerne der Einladung von Marcs Frau Folge leisten, einen der typischen Schmortöpfe mit Wein zu probieren.

Coq au vin (Hähnchen in Wein)

1 Hähnchen (ca. 1,5 kg)
Salz und Pfeffer
(Zitronen)thymian
4 Schalotten und 1 Zwiebel
3–4 Knoblauchzehen
50 g Butter
1–2 EL Traubenkernöl
150 g frische Champignons
1 Schuss Cognac
ca. 1 l Riesling
100 ml Crème double

Das Hähnchen waschen, trockentupfen und in Stücke teilen. (Das Gerippe für eine Suppe verwenden.) Das Fleisch mit Salz, Pfeffer und Thymian würzen. Schalotten, Zwiebel und Knoblauch schälen, Schalotten hacken, die Zwiebel der Länge nach vierteln und den Knoblauch ganz lassen. Butter und Öl erhitzen und das Fleisch mit Zwiebel und Knoblauch anbraten. Die Pilze putzen und in feine Scheiben schneiden. Das Fleisch auf die Hautseite legen und Schalotten und Pilze dazugeben. Kurz anbraten und mit Cognac begießen. Zu zwei Dritteln mit Riesling bedecken und im fest verschlossenen Topf etwa 1 Stunde schmoren. Hähnchen und Pilze herausnehmen und warm stellen. Die Sauce etwas einkochen lassen, mit Crème double binden. Über das Fleisch und die Pilze geben und mit schmalen Bandnudeln servieren.

Elsässer Weinstraße

Elke und Bernd wollen am nächsten Tag die Weinstraße fast in ihrer ganzen Länge zurück fahren. Im Süden beginnt sie mit den vulkanischen Böden um Thann und einem der berühmtesten Grand Crus, dem »Rangen«. Die Weinstraße zieht über Guebwiller, den Ort mit den meisten Grand Crus und der berühmten Domaine Schlumberger, dann Richtung Rouffach nach Colmar. Die eigentliche Weingegend endet etwa auf der Höhe von Straßburg, doch zieht sich die Straße bis nach Cleebourg. Von unseren deutschen Weinkostern möchte ich wissen, was sie jetzt an Neuigkeiten mitgenommen haben von der Weinprobe.

Bernd sind die Unterschiede aufgefallen, wie er erklärt: »Ich wusste nicht, dass Elsässer Wein nur im Elsass abgefüllt werden darf. Und was für eine große Rolle die EU spielt. Ich war überrascht, dass das Elsass und Baden wegen der südlicheren Lage anders als die Pfalz bewertet werden. Das bedeutet höhere Anforderungen für Qualitätsweine und welche mit Prädikat. Als Verbraucher ahne ich nicht, dass das gleiche Label in unterschiedlichen Regionen so verschiedene Qualitäten beinhaltet!«

Elke nickt zustimmend und meint: »Überhaupt kaum zu überblicken mit den Bezeichnungen. Ein Vin de Table entspricht nicht dem deutschen Tafelwein, sondern dem Landwein. Dann steht im Gegensatz zum übrigen Frankreich immer die reine Traube als Name auf der Flasche. Die Weine im Elsass sind mit seltenen Ausnahmen trocken ausgebaut. Auch Sorten wie Muscat oder Gewurztraminer, von denen man woanders meint, sie müssten süß schmecken. Und die 50 Lagen für Grand Cru sind natürlich einmalig.«

»Was bedeutet das AOC auf der Flasche, oder Grand Cru?«, fragt Bernd.

Ich versuche, eine einfache Erklärung zu finden. »AOC, also Appelation d'Origine Controllé, bedeutet, dass die Trauben nur aus dem dazu genannten Gebiet stammen dürfen. Grand Cru bezeichnet kontrollierte Lagen, die aufgrund ihrer Qualität im Ertrag beschränkt werden, um den Wein zu verbessern. Es dürfen nur die noblen Trauben angebaut werden und ein natürlicher Mindestgehalt an Alkohol ist vorgeschrieben – ohne Zuckern!«

»Noble Trauben sind Gewurztraminer, Muscat, Riesling und Pinot Gris, nicht wahr?«, fragt Elke.

Ich ergänze: »Du hast den Pinot Noir vergessen, unsere einzige rote Traube. Und leider fällt hier der nicht noble Sylvaner, der Qualitäten eines Grand Cru entwickeln kann, aus dem Vorschriftennetz. Viele Winzer haben deshalb ihre Sylvanerreben ausgerissen, weil der Aufwand das Geld nicht brachte. Einige beharrliche haben den ›Sylvaner F‹ eingeführt, der Qualitäten eines Grand Cru hat, sich aber nicht so nennen darf.«

Bernd lacht: »Das ist wie mit eurem Champagner, der keiner sein darf. Da heißt es dann beim Crémant Grand Cru *méthode champenoise traditionelle*!«

»Und der zählt zu den besten Crémants Frankreichs!«, setze ich hinzu. »Bevor ihr losfahrt, müsst ihr unbedingt das Weinmuseum im alten Schloss von Kientzheim besuchen! Dort hat die Confrérie Saint-Etienne ihren Sitz, die seit dem Mittelalter über die Qualität der Weine wacht. Ideal, wenn ihr mehr über Geschichte und Sorten erfahren wollt.«

Die beiden verabschieden sich. Eine Woche werden sie brauchen, weil sie sich durch die berühmtesten Keller probieren wollen und von jeder Traubenart etwas mit nach Hause nehmen.

Elsässer Weinstraße: www.alsace-route-des-vins.com

Thann, Ballons, Belchen
Feuertanz und Sonnenuhr

Juni

Von der Weinstraße aus ist es gar nicht so weit in die Berge hinein. Drei ganz besondere habe ich mir ausgesucht: den Petit und Grand Ballon (kleiner/großer Belchen) und den Ballon d'Alsace (Elsässer Belchen). Sie liegen zwar weit auseinander zwischen Munstertal und Lothringer Vogesen, haben es aber wie ihre Geschwister auf der deutschen und schweizerischen Seite in sich. Man spricht von einer natürlichen Sonnenuhr, einem Bergkalender. Ideal, diese Theorien genau zur Sommersonnenwende zu überprüfen, wenn überall die Festfeuer entzündet werden. Auf diese Weise wird der Sommer mindestens bis zum nicht minder gefeierten christlichen Ersatztag St. Johannis am 24. Juni begrüßt.

Weit unter der Baumgrenze, wo die Nächte im Tal warm bleiben, singen die Nachtigallen. Aus vielen Gärten duften in dieser Jahreszeit Holzkohlefeuer, gewürzt mit Kräutern der Provence. Lachen hallt aus Gärten und Höfen, Stimmen von Menschen, die das Leben im Freien genießen. Mit der Abenddämmerung funkeln die ersten Sterne und dann sieht man plötzlich herbeischweben, was die Elsässer so bildreich »Kanzevöjeli« nennen, Johannisvögelchen. Es sind Myriaden von Glühwürmchen, die überall dort wie grünliches Sternenlicht funkeln, wo es warm ist und wo Buschwerk und Wiesen nicht zu sehr gespritzt sind. Wenn sie sich im hohen Gras paaren und scheinbar dunkeln, ist es Zeit, die Sonnwendfeuer zu entzünden.

Im Naturpark der Ballons des Vosges, einem der größten Frankreichs, sind sie besonders imposant. Die über 30 Meter hohen Tannenholztürme in St. Amarin werden in Blockhausbauweise geschichtet. Als Riesenfackeln dieser Nächte scheinen sie die Sonne noch ein paar Stunden länger über dem Horizont halten zu wollen. Mancherorts gibt es noch die mutigen Paare, die gemeinsam über die Restglut springen und Segen spendende Holzscheite mit nach Hause nehmen. Manchmal ist es auch nur noch ein Dorffest mit Attraktion und viel Alkohol.

Ich will mit Armand auf den höchsten Berg, den Ballon d'Alsace mit 1247 Meter. Ähnlich den anderen Bergen, die sich wie Schafrücken aneinander drängen, ist er rundköpfig, oben kahl, steht wie ein Kegel im Land der Fermes Auberges. Von der Route de Crête, einst Militärstraße des Ersten Weltkriegs und heute eine der schönsten Panoramastrecken, sehen die Kegel weich aus, heimelig. Aber das täuscht über das vor allem auf der Lothringer Seite regenreiche, frische Wetter hinweg, dem man an Sommerabenden mit Wollpullovern trotzt. Armand ist da abgehärteter als ich, die ich auf der sonnenverwöhnten Seite des Elsass wohne. Er ist immer draußen, schon wegen seines Nebenberufes, der zwar zum Modetrend geworden ist, den aber wirklich nur noch ganz wenige nach traditioneller Art ausüben.

Armand ist »Wasserschmecker« – und die sterben aus im Elsass. Er findet Wasser und kennt die alten Heilkünste seines Metiers, das seit Generationen in den Familien weitergegeben wird. Einige Jahre hat er in Afrika gearbeitet, mit Erfolg die Stellen ausfindig gemacht, an denen Brunnen gebohrt werden konnten. Obwohl heutzutage jeder mit der Wünschelrute spielt und allerlei »Rutengeherwissen« rezitiert, gibt es kaum Nachwuchs bei den echten Wasserschmeckern. Die halten von billiger Wellness-Esoterik nämlich nicht viel, verstehen ihre Berufung als Gabe und durchleben eine jahrzehntelange Lernphase. Mit der Abgrenzung gegen Scharlatane haben sie es schwer.

»Die Jungen wollen schnell und einfach Geld verdienen und nicht umsonst aus Nächstenliebe arbeiten. Die Struk-

turen von früher, als die Dörfer ihre Heiler unterstützten, gibt es nicht mehr. Und gegen das Halbwissen der Esoterikbranche kommen wir auch kaum noch an.« Erfahrungswerte zeigen Armand sogar, wie tief unter der Erde das Wasser zu suchen ist und ob es sich lohnt.
»Siehst du den Baumkrebs da?«, fragt er mich und deutet auf einen dicken Stammknoten.
»Der ist ja ganz voll davon!«, rufe ich erstaunt.
Armand erklärt mir den »Trick«: »Das ist ein Baum, der Nässe meidet. Nun steht er aber auf Wasser und bildet deshalb den Krebs aus. Andere Bäume wachsen schief, vom Wasser weg oder drehen sich mit der Fließrichtung. Ich schaue mir jetzt an, in welcher Höhe die Knoten auftauchen und wo welche Flechten wachsen. Wo sie trocken oder feucht bleiben. Daraus in Kombination mit dem Wissen um die Region, den Boden, kann ich auf die Tiefe schließen.«
»Das ist verblüffend einfach, wenn man es mal weiß. All der Zauber ist einfach nur Leben mit der Natur! Kein Hokuspokus, keine teuren Einweihungen nötig!«
Armand grummelt: »Deswegen wollen es die Leute nicht. Es ist kostenlos, liegt in der Landschaft offen zu lesen und macht Arbeit. Wieso lernen, wie Brennnesseln und Brombeeren wachsen, wenn es teures Zubehör gibt?«
Auf dem Grand Ballon bilden Heidelbeeren und Heidekraut das Unterholz und der bis zu einen Meter hohe Enzian wird im nächsten Monat seine gelben Blüten öffnen. Abwechslungsreich ist der 3000 km² große Naturpark. Da gibt es die Hochmatten, die mit der Heidekrautblüte zartlila und mit den Herbstblättern der Preiselbeeren blutrot glühen. Wo die Eiszeit Kuhlen in den Granit geschliffen hat, finden sich die letzten Moore, eine fragile Landschaft mit Wollgräsern und fleischfressendem Sonnentau. Abhänge und Schluchten schneiden in die von Steineichen, Buchen und Kiefern umgürteten Berge, von Wasser im Überfluss durchzogen.

»Aber eigentlich habe ich dich ja wegen etwas anderem mitgenommen, Armand. Ich will da oben auf dem Gipfel wissen, was an dem Gerede vom Belchendreieck dran ist. Im Internet habe ich die abenteuerlichsten Geschichten darüber gelesen!«

Armand legt den Kopf zurück und lacht ausgiebig. »Hast du etwa gelesen, dass einst Druiden in weißen Wallegewändern auf den Belchen Sonnenfeste feierten, die die Kelten so gar nicht hatten? Wie sie auf den Bergen den ersten Mai nach dem gregorianischen Kalender bestimmten?«

Jetzt muss auch ich lachen. »Viel schlimmer noch! Es gibt welche, die ernsthaft glauben, Götter und Titanen hätten die Belchen absichtlich an diese Stellen gesetzt!«

Armand schüttelt grinsend den Kopf. »Nur eines stimmt: Belchen und das alte, jetzt verballhornte Bâlon kommen von Bel, Belenos. Bel heißt licht, hell, glänzend. Caesar machte den gleichnamigen Gott zu Apollon, er wurde hier früher wirklich verehrt. Wahrscheinlich kam der Kult aus Illyrien und Norditalien über die Alpen. Dieser Gott war ein Heilergott und hatte mit dem Symbol Sonne zu tun. Aber wissenschaftlich gesehen waren es eher mehrere mit regionalen Namen, wie der Grannus mit dem großen Tempel in Grand in den Vogesen. Wir können davon ausgehen, wenn im Elsass ein Ort mit ›Bel‹ oder ›Bal‹ als Silbe anfängt, hat man dort meist die Sonne oder Belenos verehrt.«

Ich denke nach. Tatsächlich fallen mir auf Anhieb Ortschaften ein. Der Bollenberg bei Rouffach, auf dem es umgehen soll, der Belackerkopf, der Belstein, die Ballons im Süden.

»Und wie funktioniert nun der Sonnenkalender?«, will ich wissen.

»Ganz einfach«, meint Armand, »ich zeige es dir nachher auf dem Gipfel an der Orientierungstafel. Der Kalender funktioniert, weil die Gipfel, die zufällig in der richtigen Himmelsrichtung liegen, so hoch sind, dass man sie weit-

hin sehen kann. Du könntest genauso gut entsprechende Bäume oder Steine anpeilen. Auf dem Grand Ballon ist die Mittsommernacht am schönsten, weil die Sonne nicht lange verschwindet. Du siehst den Sonnenaufgang drüben im Schwarzwald. Am besten funktioniert die Sonnenuhr hier auf dem Ballon d'Alsace. Zur Sommersonnenwende geht die Sonne über dem Petit Ballon im Nordosten auf, zur Wintersonnenwende über der Belchenfluh im Schweizer Jura. Zu den Tag- und Nachtgleichen wechselt das Spiel über den Rhein. Wer auf dem Ballon d'Alsace steht, sieht die Sonne am Frühlings- und Herbstanfang über dem Schwarzwälder Belchen aufgehen. Und wer im Schwarzwald steht, sieht die Sonne am Ballon d'Alsace verschwinden. Verständlich, dass die Menschen dieses Naturschauspiel verehrt haben!«
Der Weg auf den Gipfel von der Kammstraße aus ist kurz, leider sind wir an diesem strahlend klaren Sommertag alles andere als alleine auf dem touristisch erschlossenen Berg. Doch die Massen verlaufen sich und den Rundblick über drei Länder kann uns keiner nehmen. Armand zeigt mir noch einmal mit dem Kompass, warum das Kalendersystem funktioniert. Die Geologie meint es gut mit den Sonnenanbetern. Ich sehe aber auch deutlich, dass viele Punkte so genannter »heiliger Linien« wohl nur auf einer Karte des Vogesenclubs anzupeilen sind, nicht aber in der Landschaft sichtbar. Zumal unsere Vorfahren keine Ferngläser hatten.
Ich sage das Armand und füge hinzu: »Ich kann auch keine astrologischen Zeichen in der Landschaft erkennen, beim besten Willen nicht!«
Armand schmunzelt. »Kein Wunder, vom alten Kult des Bel, den Naturmenschen ausübten, bis zum Belchismus von heute ist es ein weiter Weg!«
»Belchismus?«
»Ja, so nennt man das romantische Konstrukt der Belchis-

ten. Das sind die, die an die Wallegewänder-Druiden glauben und daran, dass die Berge hier absichtlich so hingestellt wurden.«

»Wer das gemacht hat, hatte auf alle Fälle ein Händchen für Naturschönheit«, sage ich schmunzelnd.

Nussewasser

13 grüne Walnüsse
1 l Obstschnaps (mind. 45 % Vol.)
5–7 Sternanis
3 Nelken, Muskatnuss
1/4 Vanilleschote
brauner Zucker

Die zur Sommersonnenwende geernteten unreifen Walnüsse halbieren, mit Schnaps übergießen und an einem warmen oder sonnigen Ort 4 bis 8 Wochen ziehen lassen. Das Gefäß jeden Tag schütteln. Durch ein Sieb gießen und die Gewürze im Schnaps 1 Woche ziehen lassen. Gründlich abfiltern, nach Geschmack süßen und in dunkle Flaschen füllen. Zwei Monate lagern. Nussewasser wird mit den Jahren ein wertvoller Kräuterlikör, der dem Volksglauben nach als Jugendelixir und bei Verdauungsproblemen, Lebensmittelvergiftungen und fettreichem Essen getrunken wird.

Wir sind abseits in den dichten Wald gestiegen und haben auf einer sonnigen Lichtung unseren Proviant ausgepackt. Wenn man die Hauptwege verlässt, die zu Restaurants oder Parkplätzen führen, ist man schnell alleine mit der Stille, die von Vogelsang und Wasserplätschern untermalt wird. Und nur wer schweigend, leise und früh weit in die Berge steigt, hat vielleicht das Glück, eine Gämse oder einen

Luchs zu sehen. Ich habe irgendwo unterwegs Trockenwürste gekauft, die mit Marc de Gewurz und grünem Pfeffer aromatisiert sind. Mit dem ofenfrischen Baguette und jungem Munsterkäse ein Festmahl unter freiem Himmel. Die essenzenreiche Vogesenluft macht hungrig.
»Sag, Armand, was könnte ich mir im Naturpark der Ballons noch anschauen auf dem Rückweg?«
»Wenn du einen Überblick möchtest, Festkalender, Wandervorschläge und Prospekte, dann fährst du nach Munster ins Maison de Parc Naturel Régional des Vosges. Dort hast du auf 600 m² das gesamte Massiv in einer Ausstellung.«
Und er erzählt mir von weiteren Schätzen, den Silberminen im Val d'Argent; von den Fermes Auberges, in denen Mensch, Vieh und Ernte unter einem Dach vor Unwettern geschützt waren und heute die Gäste der Bauernfamilie Zubrot und Geselligkeit bringen. Ich könnte nach Fougerolles, das im 19. Jahrhundert Zentrum der Kirschproduktion in Frankreich war. Zwar blühen jetzt die Kirschbäume nicht mehr, aber das Destillat duftet ganzjährig aus schlanken Flaschen. Ich könnte die letzten Stofffabriken entdecken, die wertvolle Leinen- und Brokatstoffe in die Edelboutiquen der Welt exportieren oder auf den Spuren von Montaigne, Lamartine und Berlioz in Plombières-les-Bains kuren, diesem einst von den Römern gegründeten Bad, das den Charme uralter Grandhotels besitzt. Aber ich habe mich für ein anderes Ziel entschieden.
Jedes Jahr, meist in der Nacht des 30. Juni, brennen vor der Stiftskirche in Thann die Namensgeber der Stadt – die drei Tannen. Ein unvergessliches Schauspiel! Es sind eigentlich drei riesige Fackeln, die aus Baumstämmen errichtet werden. Wenn es dunkel wird und ihr Feuer das spätgotische Juwel von einer Kirche beleuchtet, scheinen die Statuen in der Fassade lebendig zu werden, tanzt das Spitzenwerk der filigranen Steinbögen und Mauerdurchbrüche im flackernden Licht.

»Warum wird das Sonnwendfeuer so spät gezündet in Thann?«, frage ich Armand.
Er kennt seine Vogesen – und die Antwort. »Es ist eigentlich kein Sonnwendfeuer, eher ein städtischer Brauch. Die Kirche ist St. Thiébaut, dem heiligen Theobaldus geweiht, der im 12. Jahrhundert im umbrischen Gubbio Bischof war. Willst du die Legende hören?«
Klar will ich das, ich reiche Armand eine Tasse Tee und lehne mich an eine Tanne. Dieser Bischof war ein Asket, einer, der alles den Armen gegeben hatte. Und auch noch 18 Jahre Siechtum aushielt, das ihn ans Bett fesselte. Weil er nichts mehr hatte, um seinen treuen Diener zu entlohnen, versprach er ihm seinen goldenen Ring als Erbe. Unappetitlich muss es für den Getreuen gewesen sein, als er dem Toten den Ring abziehen wollte und gleich den Finger mit in der Hand hielt! Aber damals sah man solche Dinge als Zeichen Gottes an. Also verstaute der Diener das Geschenk im Knauf eines Pilgerstabes und machte sich auf, über die Alpen. Am ersten Juli kam er in einem Dorf an, wo heute Thann steht. Er wollte weiter nach Urbès, aber die Hitze machte ihn müde. Mitten im Tannenwald streckte er sich aus und lehnte den Stock an einen Baum. Pech, denn zum Sonnenuntergang war der Stab mit der Tanne verwachsen. Der brave Pilger bekam Panik, suchte Hilfe und zog damit eine neugierige Menschenmenge an.
Gegenüber, in der Engelsburg, wo heute der umgestürzte Turmrest als »Hexenauge« steht, schaute Comte Engelhard von Ferrette zum Fenster heraus. Er erblickte drei grell leuchtende Lichter über einer großen Tanne. Auch er erkannte das Zeichen Gottes und eilte noch vor dem Morgengrauen zu der Menschenmenge, gelobte, dem heiligen Theobaldus eine Kapelle zu stiften. Natürlich ließ sich jetzt der Stock wieder bewegen, der arme Diener wurde entlohnt und versorgt.
»Und das ist die Geschichte vom Tannenfeuer?«, frage ich.

Armand nickt. »Ja, die Wunder, die der Reliquie zugesprochen wurden, zogen Pilger bis aus den nordischen Ländern und dem Baltikum an. Irgendwann wurde der Wald abgeholzt, das Dorf vergrößert. Und jetzt steht dort die Stiftskirche, wo man des Wunders heute noch gedenkt.«
Das ist das Besondere am Elsass – in kaum einem anderen Land überschneiden sich die Jahrhunderte so selbstverständlich, lebt so viel zumindest in der Form fort – wenn auch die Inhalte sich manchmal verlieren oder an moderne Zeiten anpassen. Es hat einen langen Atem, das Land, das im Juni süß nach den Linden der Odilia duftet. Jahrhundertealte Linden, der Legende nach von Heiligen gepflanzt, stehen neben vielen Kirchen und auf Dorfplätzen. Wo sich früher die Dorfbewohner zum Schwatz trafen, ist auch heute noch der Mittelpunkt bei Dorffesten und Trachtentänzen.

Lindenblütenbowle

2–3 Hand voll frische Lindenblüten
1 l trockener Riesling
Zucker bei Bedarf
1 Flasche Mineralwasser oder trockener Sekt

Die Blüten waschen und abtropfen lassen. Mit Wein begießen und 1 Tag zugedeckt im Kühlschrank ziehen lassen. Wer mag, süßt den Wein. Am Abend die Blüten herausnehmen und mit Sekt oder Mineralwasser auffüllen.

Naturpark Ballons de Vosges: www.parc-ballons-vosges.fr

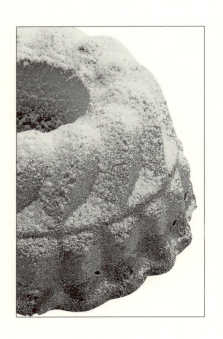

Juli

Jägerthal im Wasgau
Eisenbarone im Burgenland

Wenn das Elsass ein Kuchen mit 152 Burgen ist, dann haben die fürstlichen Bauherren und Ritter ihre Rosinen in den Norden gerührt. Naturpark Nordvogesen und Naturpark Pfälzer Wald vereinen heute als grüne Lunge mit UNESCO-Siegel, was politische Grenzen zu teilen versuchten. Die Natur kümmert sich nicht um Politik. Hüben und drüben auf den »blauen Bergen« färbt sich der Wald in Sommernächten blauschwarz – genau in dem Moment, in dem die rosenfarbenen Sandsteinfelsen in den Schatten geraten. An solchen Tagen kratzen die Silhouetten der Burgen rasiermesserscharf den Himmel. Die Berge ragen als Zuckerhüte aus den Sumpfwiesen, verteilen Nachtvogelschreie und baden ihre Füße in Nebeln. Der nächste Tag wird also heiß und trocken werden.
Ich will im Wald der Eisenbarone de Dietrich erkunden, an welche Burgen ich bei einer Wanderung auf dem Grat zufällig geraten könne. Das Land um Windstein und Jägerthal erzählt bereits dem eiligen Autofahrer Geschichte. Dort, wo die Allee zwischen den beiden Orten nach frostigen Wintern und heißen Sommern gerne gegen einen fischreichen See hin absackt, ragen Ruinen vor dem Wald auf. Hier hat eine elsässische Erfolgsgeschichte begonnen, die aus dem Vogesenwald bis zum Hochgeschwindigkeitszug TGV und Schienensystemen in Paris, Kairo oder Santiago de Chile führte. Inzwischen ist die Familienfirma de Dietrich längst zur Gruppe geworden, hat gekauft und verkauft – und ganz im Zeichen moderner Zeiten eine sogenannte »freundliche Übernahme« hinter sich.
Es begann an diesem Platz im Jahre 1684. Ein gewisser Jean

Jägerthal im Wasgau

Dietrich erkannte, dass das Tal nicht nur Wasser und Holz im Überfluss bot, sondern vor allem eisenhaltiges Gestein. Man kann das Metall riechen und manchmal rosten die Steine sogar. Die Schmiede, die Jean Dietrich kaufte und mit einem Hochofen versah, atmet heute die Stille und architektonische Klarheit einer Kirchenruine. Wissen und Besitz wurden vererbt und der Enkel, auch ein Jean, machte Eisen zu Gold. Er sammelte Schmieden und Hochöfen und wurde durch Lehensherrschaften der größte Grundbesitzer des Elsass. König Ludwig XV. adelte ihn dafür. In den sechziger Jahren des 18. Jahrhundert kaufte Jean de Dietrich einen Hochofen in Zinswiller und baute die Schmiede von Niederbronn. Beide sind heute noch Teil der Firmenstandorte.
Natürlich brauchte der Industrieadel im Elsass ein Schloss wie der Geburtsadel auch. Und weil es der Enkel des weitsichtigen Großvaters inzwischen zu einem kleinen Imperium gebracht hatte, wurde der Bau von 1770 besonders prunkvoll. Wieder war der König begeistert – mit den neuen Firmenbaronen im Elsass wie den Le Bel in »Baechelbrunn« und den de Dietrich im Jägerthal ließ sich der Säckel der Krone füllen und wertvolles Material produzieren. Inzwischen war Ludwig XVI. an der Macht – und er verlieh Jean de Dietrich ein Jagdhorn als Markenzeichen. Bis zum heutigen Tage ist es das Firmenlogo.
Das unzugängliche Schloss in Privatbesitz lässt den einstigen Prunk ahnen und verzaubert die buckligen Weiden mitsamt dem Jägerthal in ein kleines Stück schottisch anmutender Idylle. Im Frühjahr lohnt sich der Blick von der lindengesäumten Bergstraße hinab auf die meterhohe Rhododendren-Allee der Einfahrt. In diesem Eck meint es das Klima gut, zaubert zur Blütezeit Wolken von Violett und Pink neben den Tannenwald. Jetzt im Sommer hängen die hundertjährigen Dorothy-Perkins-Rosen mit ihren kreppartigen Blüten in Weiß, Rosé und Rot wasserfallgleich über die geschmiedeten Gitter.

Jägerthal im Wasgau

Einer aus dem Clan der de Dietrich ist nach Straßburg gegangen und zum ersten Bürgermeister gewählt worden. Für Philippe-Frédéric de Dietrich geht das Leben leider nicht als Fest aus. 1792 herrscht Revolution im Land. König Ludwig XVI. ist gefangen gesetzt, Frankreich erklärt am 20. April dem König von Böhmen und Ungarn den Krieg. Die Straßburger erfahren erst fünf Tage später, dass die Koalitionstruppen aus Österreichern, Preußen und der königstreuen Armee des Prinzen von Condé an den Grenzen aufmarschiert sind.

Ungeachtet der Gefahren wird am 26. April 1792 im Stadthaus des Bürgermeisters getafelt. Auch die Vorspeise dieser Zeit ist eine Art Revolution. Ein experimentierfreudiger Franzose, Jean-Pierre Clause, hatte sich in den 1780er Jahren mit seiner Konditorsgattin in Straßburg selbständig gemacht: Er hatte die heute weltberühmte Straßburger Gänseleberpastete mit Trüffeln erfunden. Nach dem Vorschlag eines Kollegen packte er zusätzlich zu Gänsestopflebern, Kalbfleisch und Speck auch noch Trüffel aus dem Périgord in die Blätterteigkruste. Seine Kreation ließ den Terror in der Stadt, Armut und Hungersnot zumindest momentweise vergessen. Die adlige Gaumenfreude findet mit einem Glas fruchtigen Weißweines den Weg in die Herzen der Jakobiner und Jahrhunderte später auf die Festtagsteller der Bourgeoisie. Vergessen ist, dass auch Clause sein Wissen nur abgeschaut hat. Es waren die Juden im Elsass, die als erste Gänse stopften – eine Erfindung der Römer übrigens – und heute noch die frischen Lebern in einem köstlichen Gemisch aus Porto und Cognac ziehen lassen.

Im Elsass trinkt man zur Foie Gras seltener Champagner, sondern bleibt traditionell bei einem rassig-samtigen Pinot Gris oder einem gut gealterten Gewurztraminer Grand Cru. Auch ein trockener Elsässer Muscat hebt ihren Geschmack.

Jägerthal im Wasgau
Foie gras an Kastanienpüree

Foie gras an Kastanienpüree

Als Vorspeise:
500 g Esskastanien
etwas Gemüsebrühe
Salz und Pfeffer
Thymian
1 Entenleber (400–500 g)
Butter
50 ml Melfor (ersatzweise verdünnten Weinessig verwenden)
oder Balsamico-Essig
100 ml Kalbs- oder Geflügelfond

Den Backofen auf 250 °C vorheizen. Die Schale der Kastanien kreuzweise einritzen und im Ofen 15 bis 20 Minuten backen, bis die Schale aufplatzt. Die Schalen und Häutchen entfernen. Die Kastanien mit etwas Gemüsebrühe weich kochen und pürieren. Mit Salz, Pfeffer und Thymian abschmecken und warm stellen.
Die Leber putzen, waschen und trockentupfen. In acht Schnitzelchen teilen. Salzen, pfeffern und sehr schnell in Butter in einer beschichteten Pfanne anbraten. Warm stellen. Etwas Fett in der Pfanne zurückbehalten und mit dem Essig ablöschen. Einige Minuten lang einkochen, dann den Fond unterrühren und wiederum so lange reduzieren, bis die Sauce sirupartig ist. Die Leberschnitzelchen warm auf dem Kastanienpüree servieren und mit der Sauce übergießen.

Als Madame Louise de Dietrich an jenem April-Abend ihre Gäste verköstigt hat, setzt sich wie so häufig der junge Offizier Claude Joseph Rouget de L'Isle ans Piano. Er fühlt sich an diesem Tage inspiriert, schreibt ein Kriegslied für die Rheinarmee – wie man sagt, nach einer Melodie aus

Jägerthal im Wasgau

dem Oratorium Esther von Grison. Was in dieser Nacht durch die Fenster de Dietrichs dort auf Straßburger Straßen schallt, wo heute die Banque de France steht, wird als Marseillaise zur französischen Nationalhymne werden.

Doch die Launen der Mächtigen schlagen schnell um. Im Jahr darauf herrschen Terror und Krieg. Extremisten wie St. Just und Lebas zwingen das Elsass unter ihre Knute, der brutale Blutschinder Eulogius Schneider fährt mit seiner transportablen Guillotine zu den Schnellgerichten. Rouget de l'Isle flieht vor dem Terrorregime, wird gefangen genommen, wieder frei gelassen. Bürgermeister de Dietrich hat weniger Glück. Die eigenen Vertrauten liefern ihn ans Messer. Der Bürgermeister aus der Dynastie der Eisenbarone stirbt durch das geschmiedete Eisen des Fallbeils.

Trotz der Hitze im Tal fröstelt mich bei dem Gedanken an jene brutale Vergangenheit. Im Wald der Eisenbarone zwischen Windstein und Obersteinbach verliert man sich leicht in der Geschichte. Der mittelalterlichen begegnet man auf Schritt und Tritt, denn außer den beiden Windsteins liegen noch zwei Burgen auf den Höhen. Weil ich die Hauptwanderwege meide, gerate ich an einen steileren Aufstieg. Ich klettere den lichten Buchenwald empor, an dessen warmen Hängen Findlinge aus der Erde ragen. Wenn sie aufrecht am Saumpfad stehen, kommen mir Menhire und Feengeschichten in den Sinn. In vielen Sagen des Elsass geht in den Burgruinen die weiße Frau um, Hüterin eines reichen Schatzes, versteckt im tiefen Burgbrunnen oder in der Erde. Nur ein Mann, der reinen Sinnes ist und schweigend drei Prüfungen besteht, kann Schatz und Fee erlösen.

Über mir keckert ein Vogel – ich habe mich verlaufen. Sternenmoos dämpft die zuvor raschelnden Schritte, am Wegsaum blühen Glockenblumen, die Singvögel verstummen. Nur noch einzelne Sonnenstrahlen dringen in das dichte

Jägerthal im Wasgau

Tor einer Fichten-Kathedrale vor mir. Als wäre ich in die Anderswelt der weißen Frau geraten! Die Temperatur fällt. In weiter Ferne hämmert ein Specht – er scheint außer mir das einzige Lebewesen zu sein. Der Wald breitet Nacht in den Tag. An einer vom Blitz getroffenen kahlen Fichte tanzt Goldstaub im spärlichen Gegenlicht und sinkt auf hügelige Moospolster.
Der Saumpfad weitet sich, die kleineren Fichten stehen lockerer, beduften die feuchter werdende Luft. Durch ihre scharfe Essenz dringt ein weicherer Geruch. Frische Pilze. Und plötzlich fühle ich mich wie Alice im Wunderland. Grasränder und Mooshügelchen, Baumstubben mit Erdhöhlen, verbunden durch winzige Tierpfade. Rote Mützchen. Die Wichtel, die meinen Weg begleiten, so weit mein Auge reicht, entpuppen sich als Fliegenpilze. Dieses elsässische Wahrzeichen kenne ich in Plastikversionen für Vorgärten. Ohne Fliegenpilz mag der Elsässer nicht leben. Aus Zucker ziert er Torten und die an Weihnachten begehrte Bûche de Noël, fürs Buffet verkleidet man Eier und Tomaten als Fliegenpilze, man schmückt damit Adventskränze und Weihnachtsteller. Der Fliegenpilz ist so wichtig wie der Storch – wenn auch nur noch die Alten die mythischen Hintergründe der beiden kennen.
Mich führen die rot leuchtenden Wegweiser mit den fröhlichen weißen Tupfen zu einem wahrhaft mittelalterlichen Gelächter. Es klingt nach Rittern, die ihre eisernen Rüstungen abgelegt haben, um zu feiern. Burg Schoeneck, vor der ich mich bald darauf befinde, lebt. Schoeneck ist eine romantische Burg. Eine Wildnis aus Glockenblumen und hoch aufragenden Königskerzen wächst im ehemaligen Burggraben.
Jemand hat die kleinen Buchen und Eichen gefällt, die mit den Jahren den Innenraum in Besitz nahmen. Ein kleiner Raum, der einem Felsunterschlupf gleicht, ist mit roh behauenen Stämmen gestützt, die würziges Harz aussaften.

Jägerthal im Wasgau

Jemand hat eine Werkzeugkiste im Gras vergessen. Und dann stehe ich vor der Quelle des Gelächters. Junge Archäologen, die ihr Sommercamp hier oben beenden. Sie haben gegraben und die Burg gesichert.
Ein Wink von vielen Händen und ich bin eingeladen an den provisorischen Holztisch und die sonnenwarmen Felssitze. Leider sei vom Grillen nichts mehr übrig, aber Wein und Kugelhopf gäbe es noch genug. Jean-Claude reicht mir ein Stück und ein Glas vom quellengekühlten Pinot Blanc dazu.
»Den hat meine Oma gebacken!«, sagt er stolz. Er ist in der Region geboren, bevor es ihn von Paris aus zum Praktikum wieder in die Heimat verschlug.
»So etwas gibt es bei uns nicht«, ruft ein Kollege aus Südfrankreich, »aber man kann sich furchtbar dran gewöhnen!«
»Kann uns deine Oma nicht ab und zu Hilfspakete an die Uni schicken?«, witzelt ein anderer.
Kugelhopf, französisch Kougelhopf, schreiben die Elsässer, darauf bestehen sie – auch wenn der Kuchen wahrscheinlich einst von den Besatzern als österreichischer Gugelhupf importiert wurde. Das ergibt keine schöne Legende und deshalb gilt der Kuchen im Land der Mythen und Geschichten als Geschenk der heiligen drei Könige an einen Töpfer namens Kugel. Er hatte sie in seinem Haus in Ribeauvillé übernachten lassen. Keine Frage, dass deshalb die Töpfer von Soufflenheim heute noch die Kugelhopf-Formen drehen. So schnell wird aus einer Feindesgeschichte ein Symbol der Gastfreundschaft!
Der Kugelhopf der unbekannten Oma hat sich in meine kulinarischen Erinnerungen eingraviert. Jean-Claude meinte, es läge vor allem am selbstgebrannten Birnenschnaps, dem Williams, mit dem es seine Oma immer sehr gut meine. Ich habe nie wieder einen Kugelhopf geschmeckt, der sich so watteleicht mit den Fingern zupfen ließ, sich dennoch feucht und fest auf die Zunge legte und solch ein Aroma

Jägerthal im Wasgau
Kugelhopf

von Hefe und Streuobstwiesen in den Wald wehte. Fast zu schade, dazu den obligaten Muscat, einen Elsässer Cremant oder Kaffee zu trinken.

Kugelhopf, süß oder salzig

70 g Rosinen
Schnaps (z. B. Williams, Kirsch, Mirabelle)
1/8 l Milch
15 g frische Hefe
Salz
400 g Mehl
40 g Zucker
60–65 g Butter
1 Ei und 1 Eigelb
ganze Mandeln

Für einen großen Kugelhopf das Rezept verdoppeln. Wichtig ist langes, kräftiges Kneten der zimmerwarmen Zutaten ohne Zugluft. Die Rosinen am Vortag in Schnaps einweichen. Die Milch erwärmen. Die Hefe mit 1 Prise Salz, etwas Mehl und etwas Zucker in der Milch gären lassen. Das Mehl mit den übrigen Zutaten (außer Rosinen und Mandeln) gut verrühren, die Hefemilch dazugeben und alles gut verkneten. Den Teig 30 Minuten gehen lassen. Die Schnapsrosinen in den Teig kneten und einen guten Schuss Schnaps dazugeben. Kneten, bis sich der geschmeidige Teig von der Schüssel löst und beim Ziehen reißt. Erneut 30 Minuten gehen lassen. Den Backofen auf 220 °C vorheizen. Eine Gugelhupfform einfetten und in jede Vertiefung der Form eine Mandel legen. Den Teig ein letztes Mal durchkneten, in die Form füllen und nochmals kurz gehen lassen. Im Ofen 45 bis 50 Minuten backen, auf ein Gitter stürzen und mit Puderzucker bestreuen.

Jägerthal im Wasgau
Kugelhopf

Die salzige Variante passt sehr gut zum Aperitif. Nehmen Sie statt der Rosinen 150 g fein gehackten Speck und 100 g gehackte Walnüsse. Statt der Mandeln Walnusshälften in der Form verteilen.

Naturpark Nordvogesen: www.parc-vosges-nord.fr
Deutsch-französisches Biosphärenreservat:
www.biosphere-vosges-pfaelzerwald.org

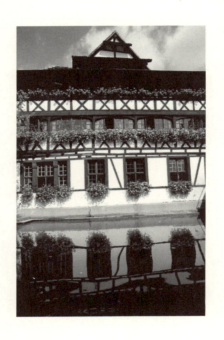

August

Grenzdreiecke
Von jedem das Beste

Ich bleibe im Grenzgebiet, denn ich suche nach einem Phänomen, das es in »Binnenländern« nicht gibt und in »Grenzländern« kaum so intensiv wie im Elsass mit seiner wechselhaften Geschichte. Zwei Grenzdreiecke bildet das Elsass: Frankreich – Deutschland – Schweiz und Elsass – Baden – Pfalz. Ist das Elsass ein Kaleidoskop aus Französischem und Deutschem, wie oberflächliche Besucher behaupten – oder etwas Eigenes?
Der August zeigt, dass der Mensch so sesshaft nicht ist, denn die moderne Völkerwanderung der Urlauber hat eingesetzt. Obwohl das »rote Bison« im Fernsehen vor den schlimmsten Ferienstaus warnt, haben sich die Franzosen auf den Autobahnen in Schlangen angestellt, um an die Ränder ihres Landes zu fliehen. Das halbe Land scheint am Meer zu leben. Elsässer dagegen sind, wenn es sie hinauszieht, reisefreudiger, schon wegen der größeren Sprachkenntnisse. Sie fahren und fliegen in die Welt oder bleiben daheim, um ihre Blumenpracht zu pflegen. In diesem Falle sind Nachbarschaftsbesuche angesagt: Elsass, Baden, Pfalz und Schweiz tauschen ihre Einwohner in den Restaurants aus.

Es ist unerträglich heiß. Über abgeernteten Feldern und Asphalt flirrt die Luft gleichermaßen. Wer kann, flieht aus der Stadt, sucht Wasser oder wenigstens Schatten. Unsere bunt zusammengewürfelte Gruppe zieht es unter Feigenbäume und Palmen. Wir wollen zwischen riesigen Oleandern sitzen, die abends von kolibrigleichen Schwärmern besucht werden. Wir wollen uns fühlen wie Gott in Italien und über Kulturen im Elsass sprechen.

Grenzdreiecke

Dazu haben wir uns einen Ort ausgesucht, der so typisch in seiner Geschichte ist wie das Elsass. Wir treffen uns in einem der mediterran anmutenden Weinhöfe des pfälzischen Grenzortes Schweigen, der fast an Weißenburg/Wissembourg klebt. Schweigen war nicht immer deutsch. Gegründet als Viehhof des Klosters Weißenburg, wurde es 1485 von dessen erbittertem Feind Hans von Trott, dem Ritter von Berwartstein, heimgesucht. Dem Kerl, den elsässische und südpfälzische Kinder als Hans Trapp fürchten – wie deutsche Kinder den »schwarzen Mann«. Nach einer kurpfälzischen Episode gehörte Schweigen von 1680 bis 1815 zu Frankreich und fiel ein Jahr später dem Königreich Bayern zu. Die wechselvolle Geschichte war eher eine Angelegenheit der Adligen und Mächtigen. Im einfachen Volk vermischten sich die Kulturen, heiratete man über die ständig verlegten Grenzen hinweg. Und man litt hüben wie drüben. 1939 lag das einst französische Dorf am deutschen Westwall und wurde von der Maginot-Linie aus beschossen. Und beide – Elsässer wie Pfälzer – bekamen die Bombardements der Amerikaner ab.

Wir haben Schweigen ausgesucht, weil zwischen diesem Ort und Weißenburg/Wissembourg die Winzerfamilien aus Frankreich und Deutschland längst ein offenes Europa vorlebten, als es noch gar nicht erfunden war. Reben kümmern sich nicht um Grenzen und Menschen! Also mussten elsässische Winzer mit Sondergenehmigung zu ihren Reben auf deutschem Boden fahren und Pfälzer Winzer nach Frankreich. Heute lacht man darüber, arbeitet hüben wie drüben. Manche Familien sind verwandtschaftlich verbandelt. Und reden wie wir – in mehreren Sprachen und vielen Dialekten.

Walter, unser Schweizer, hat absolut keine Schwierigkeiten mit dem alemannischen Elsässisch von Monique; auch Susanne, die aus dem Schwarzwald kommt, spricht in ähnlichem Tonfall. Mein Badisch hat sich mit dem Elsässischen

Grenzdreiecke
Pfifferlingspfanne

zu einem verwirrenden Europlais gemischt. Karls Pfälzisch klingt wenig exotisch, sprechen sie doch nebenan, in Weißenburg ... Fränkisch! Bevor wir aneinander vorbeireden, nutzen wir auch mal Französisch und Deutsch als gemeinsame Basis.

Pfifferlingspfanne

500 g frische Pfifferlinge
2 Schalotten
3 Knoblauchzehen
Butter
Salz und Pfeffer
Thymian
Weißwein

Die Pilze gründlich putzen und in mundgerechte Stücke schneiden. Schalotten und Knoblauch schälen und hacken. Schalotten und Knoblauch in etwas Butter glasig dünsten, dann die Pilze dazugeben. Mit Salz, Pfeffer und Thymian würzen, mit einem Schuss Weißwein ablöschen und weich dünsten. Zu diesem auf allen Seiten der Grenzen bekannten Gericht passt grüner Salat und bei schlechter Pilzernte ein sättigendes Kräuteromelett.

»Wisst Ihr noch, wie mit dem Schengener Abkommen die Grenzen aufgingen?«, fragt Monique in die Runde.
Als ehemalige Bewohnerin des Zollgrenzbezirks ist es mir besonders bewusst. Leute aus diesen Regionen können von beiden Seiten der Grenze Hunderte von Schmuggleranekdoten erzählen, auf die wir heute noch stolz sind. Hüben und drüben haben wir uns wie die Bewohner des Asterixdorfes gefühlt – und die Römer, das waren »die da oben«,

Grenzdreiecke

die uns den Austausch reglementierten und schwer machten.

Monique kichert, als ich das sage. »Du wirst es nicht glauben, aber mit diesem Bild identifizieren sich viele! Wenn man uns unser gemütliches Wildschweinessen nicht lässt, werden wir giftig! Das Essen teilen wir dagegen gerne.«

»Ihr habt es gut!«, schmollt Walter. »Wir sitzen zwar auch ständig drüben im Elsass und kosten euren Wein, aber wir gehören nicht zur EU. Das macht den Austausch etwas komplizierter.«

Monique will ihn trösten und witzelt: »Ach komm, Walter, dafür seid ihr Ehren-Elsässer!«

»Seit wann das?«

Unsere Elsässerin klärt ihn auf: »Na schau, im 17. Jahrhundert waren weite Teile des Elsass entvölkert. Dreißigjähriger Krieg, Hunger, Krankheiten. Die Franzosen, denen das Land gehörte, haben es nicht gepackt. Da haben die verbleibenden Elsässer von der Regierung verlangt, man möge zur Immigration einladen. Herolde mit Trompeten reisten in die Nachbarländer, machten Werbung, doch bitte auszuwandern. Wer ins Elsass ging, bekam Haus und Hof, so viel Land, wie er bewirtschaften konnte – und lebte eine Zeit lang befreit von Steuern und Zins! Viele Elsässer stammen deshalb von Schweizern ab!«

»Das wäre mal eine europäische Idee für heute, wenn sie über den Rückgang der Geburtenrate klagen!«, lästert Susanne.

Karl fragt Monique: »Ich habe gehört, hier seien viele Kulturen eingewandert – stimmt das?«

Monique nickt. »Seit der Römerzeit wissen wir es genau. Damals kamen Soldaten, Händler und Einwanderer nicht nur aus Italien, sondern aus Griechenland, aus Syrien. Nach dem Dreißigjährigen Krieg waren es Deutsche, vor allem Bayern, und Schweizer. Im 16. Jahrhundert wanderten Osteuropäer ein und mit den Minen des Pottascheab-

Grenzdreiecke

baus Polen. Ganz zu schweigen von Hunnen, Alamanen, Franken, Iren, Schotten, Schweden, Engländern. Nicht alle kamen in freundlicher Gesinnung, aber alle ließen etwas da. Wenigstens Scherben im Museum ...«
»Dazu fällt mir noch der polnische König Stanislas I. ein, der sein Exil in Weißenburg gar nicht mehr verlassen wollte. Aber er wurde ja dann König von Lothringen«, werfe ich ein.
»Heute ist sein Palast das Altenheim in Wissembourg. Und in der Kirche St. Jean haben sie 1725 die Hochzeit seiner Tochter Maria Leszczynska mit König Ludwig XV. verkündet.«
Monique kennt sich aus. Ob es Zufall sei, dass das elsässische Nationalgericht Choucroute dem polnischen Nationalgericht Bigos so sehr ähnle, will ich wissen. Was im Bigos zerschnippelt wird, krönt die Choucroute als Dekoration. Aber sie meint, die Choucroute hätte man auch schon den Hunnen zugeschrieben. Und die bayrische Schlachtplatte sei auch nicht weit entfernt. Vielleicht einfach ein europäisches Festmahl?
»Wie kommt es dann aber, dass ausgerechnet in so einem weltoffenen Landstrich bei den Wahlen ultrarechtes und fremdenfeindliches Gedankengut mehr als anderswo zulegt?« Susanne ist ratlos.
Walter versucht eine Erklärung: »Mit dieser Geschichte kann man zweifach umgehen, denke ich. Entweder verschließt man sich in sich selbst und fühlt sich in scheinbarer Sicherheit, in selbst gemachter Idylle – oder man begreift Austausch als Chance?«
Wir sind uns alle einig – die Zukunft liegt bei denen, die sich innerlich bewegen und öffnen können, ohne Angst zu bekommen, sich zu verlieren.

Obstsorbet

1 kg reife, pürierte Früchte nach Wahl (z. B. Johannisbeeren, Kirschen)
Saft von 1 Zitrone
Saft von 1 Orange
ca. 300 g Zucker

Die Zutaten gut verrühren und in einem Behälter im Tiefkühlgerät gefrieren lassen. Dabei öfter umrühren. Bei roten Johannisbeeren 200 g Zucker mehr nehmen, zu Kirschen passt Zimt und Nelke. Vanille hebt das Aroma von Pfirsichen, Aprikosen und Himbeeren. Das Sorbet vor dem Servieren leicht antauen lassen. Beim Sorbet arrosée, dem »begossenen Sorbet«, wird ein Glas Schnaps auf die Kugeln gegossen.

»Ihr müsst euch das mal vorstellen«, wirft Monique ein: »In weniger als 100 Jahren, nämlich zwischen 1860 und 1950, hat das Elsass fünf Mal die Nationalität wechseln müssen und damit auch die Sprache! Diese Risse gingen durch die Familien – über Generationen hinweg.«
Mit der Schlacht von Weißenburg am 4. August 1870 wird das Elsass vom Deutschen Reich annektiert. Bis 1945 wird es ein Spielball der Mächte bleiben. Mit dem Krieg 1870/71 wandern etwa sechs Prozent der Elsässer aus nach Frankreich, Deutsche wandern ins Elsass ein. Um 1890 wächst ein vollkommen neues Nationalbewusstsein: elsässisch, unabhängig. Die eigene Sprache wird Politikum. Wer wissen will, wie die patriotischen Elsässer damals dachten, muss nur die Zeichnungen und Geschichten von Jean-Jacques Waltz alias Hansi anschauen, der das schmalzige Heimatidyll späterer Reiseprospekte vorwegnahm. Der 1873 in frankophiler Familie geborene Karika-

Grenzdreiecke

turist, Künstler und Schriftsteller erlebt, wie im Ersten Weltkrieg das Elsass blutig zwischen die Fronten gerät. Die Elsässer werden von beiden Seiten verachtet. Deutsche misstrauen ihnen als »Kollaborateure der Franzosen«, Franzosen beschimpfen sie als »sales boches« (dreckige Deutsche). Die zwischen den Stühlen sitzen, die Elsässer, kommen 1918 wieder zu Frankreich zurück.
Nach solchen Erfahrungen erstarken Separatisten und Autonomisten und wieder pochen die Elsässer auf ihre Mehrsprachigkeit, ihre eigene Kultur, die eigenen Gesetze in Sachen Religion und Dezentralisation. Paris macht einen großen Fehler und presst mit der alten neuen Sprache seine Forderungen auf – die elsässischen Intellektuellen werden nicht mehr gehört. Sind sie doch in deutschen Schulen aufgewachsen. Frankreich will um jeden Preis verhindern, dass sich das Schicksal eines deutschen Angriffs wiederholt. Schon 1929 stellt Kriegsminister Maginot das Konzept einer Verteidigungslinie im Norden und Osten Frankreichs vor. 1932 wird das Bunkersystem der Maginot-Linie durchs Elsass gezogen. Anfang September 1939 evakuiert Frankreich ein Drittel aller Elsässer. Fast eine halbe Million Menschen müssen nach Südwest-Frankreich ziehen. Maginot nutzt nichts. Hitler annektiert das Elsass als »Gau Oberrhein«. Und manchen, die seit Jahren auf die Pariser Politik wütend sind, ist das sogar recht.
Es beginnt eine bis dahin beispiellose Zerstörung von Wirtschaft, Kultur und jüdischem Leben. Wer sich frankophil zeigte, wurde verfolgt. 1941 bauten die Nazis das einzige Konzentrationslager auf französischem Boden – Struthof – fast unter den Augen der Schutzpatronin Odilia. Wer Glück hatte unter den Nazigegnern, wurde »nur« ins Umerziehungslager Schirmeck gesteckt. Spätestens unter dieser Besatzung war der Wille, wieder zu Frankreich gehören zu dürfen, nicht mehr auszulöschen. Aber die Befreiung war nicht minder traumatisch. Vier Monate harter

Grenzdreiecke

Kämpfe – in denen fünf Prozent der elsässischen Bevölkerung umkamen. In drei Lager waren die Überlebenden geteilt: die Deutschfreundlichen, die angeblich nie mit den Nazis geliebäugelt hatten; die Franzosenfreundlichen und die heimlichen Autonomisten.

Monique übernimmt das Wort: »Ich glaube, wer diese Geschichte kennt und versucht, sich in die Menschen hineinzuversetzen, wird verstehen, wenn die alten Leute, die das noch erlebt haben, Ressentiments zeigen oder übervorsichtig sind.«

»Sie sind ja auch von keiner Seite freundlich behandelt worden!«, werfe ich ein und erinnere an das Drama der »Malgré Nous«. Hitler hatte über 100 000 Elsässer als »Deutsche« in die Wehrmacht gezwungen – ähnlich den Beutesoldaten in Polen. 30 000 kamen nicht mehr heim, viele ergaben sich den Sowjets und wurden als deutsche Wehrmachtssoldaten in Lager verschleppt. Und als »Deutsche« wurden sie im eigenen Land mit Tabu belegt, lange nicht entschädigt, von Franzosen im Binnenland verachtet.

»Ja, man muss sich nicht wundern, wenn das Zusammenwachsen der Nachbarn in Freundschaft so schwierig war«, sagt Susanne, »ich finde aber, wir haben das gut geschafft und können Beispiel geben im modernen Europa. Straßburg als Europahauptstadt ist eine gute Wahl.«

Monique bestätigt es. »Vor allem waren wir immer so klug, von allen nur das Beste anzunehmen!« Sie schmunzelt. Ob sie an den Gugelhupf der Österreicher denkt? Oder an den Saumagen, den sich Pfälzer und Elsässer teilen? An das badisch-elsässisch-österreichische Ochsenfleisch mit Meerrettich?

Sie verrät es uns nicht, und Walter nickt Karl zu. »Jetzt verstehe ich, warum die elsässische Sprache als Symbol einer Identität eine solch große Rolle spielte! Und warum die Jungen, denen das fremd ist, lieber Englisch lernen.«

»Kaum vorzustellen, dass unsere Väter, Großväter, Ur-

Grenzdreiecke

großväter das alles mitmachen mussten«, fügt Karl hinzu – und wir sind alle mit ihm einig. Umso schöner, dass die nachfolgenden Generationen nach vorne sehen können, die Chancen unserer mehrsprachigen Regionen nutzen. Auch wenn die ewig Gestrigen lieber eine Sackgasse sähen – das Elsass ist eine Kreuzung, die in viele Richtungen führt.
»Gibt es nicht bereits eine Vernetzung der Grenzregionen?«, fragt Walter.
Walter hat Recht. Das Elsass ist heute die führende Region in der französischen Dezentralisierungsdebatte – man kennt den Föderalismus der Nachbarn. Hüben und drüben vom Rhein lernen die Grundschulkinder die Sprache des Nachbarn – im Gegensatz zu ihren Altersgenossen drinnen im Land. Die PAMINA im alten Zollhaus von Lauterbourg koordiniert und berät in Fragen der binationalen Zusammenarbeit und beim Umzug ins Nachbarland. Elsass, Baden und Pfalz haben eine grenzüberschreitende, zweisprachige Volkshochschule. Elsass und Schweiz vernetzen sich in biotechnologischen Forschungen und im Nahverkehr. Die IHK in Straßburg berät in drei Sprachen, die Polizei beider Länder darf an der Grenze gemeinsam Streife gehen und beidseitig ermitteln. Viele Vereine arbeiten grenzüberschreitend. Bedeutsam sind sicher der deutsch-französische Verein, der die Maginot-Linie als Mahnmal erhält oder der deutsch-elsässische Verein »Judengarten« in Mackenheim, der die gemeinsame badisch-elsässische Geschichte der Juden im Gedächtnis erhalten will.
Wir leben privilegiert hier. Wir können uns von allen Seiten das Beste heraussuchen.

Grenzüberschreitendes Büro PAMINA: www.regio-pamina.org
Maginotlinie: www.lignemaginot.com

September

Munster und Welschland
Heilige Kühe und irischer Käse

Fährt man aus der Rheinebene in die Hochvogesen, breitet sich das Elsass in Wellen aus, die zum Horizont hin stufenförmig ansteigen. Flüsse wie Thur, Béhine oder Fecht schneiden sich umso tiefer ein, je höher die Pässe liegen. Ihre Täler treiben die sanften Rundungen der Weinberge fast bis an die Hochmatten. Im Weinbergland blühen im September noch die Rosen, fließen die Geranien in Kaskaden von Fachwerkfassaden. Spätsommerglut verwöhnt die Menschen auf den Dorfplätzen, aber am Abend fällt eine Ahnung von Kälte vom blauschwarzen Berg. Dort wird schon geheizt.

Im Hochland der Vogesen, das sich bis nach Lothringen zieht, bricht im September noch einmal das große Arbeiten und Festen aus. Der scharfe Geruch von Holzfeuern, der nachts in die klare Waldluft zieht, warnt vor dem nahen Winter. Das Leben oszilliert zwischen zwei Festen: St. Gregoire (heiliger Gregor) am 3. September, Tag des Munsterkäses – und St. Michel am 29. des Monats, Transhumance, Almabtrieb. Damit ist fast alles gesagt: Die Menschen in den Tälern von Fecht und Béhine, auf den Höhen zwischen Kaysersberg und Col de Bonhomme, Gérardmer und Col de la Schlucht, Munster und dem Nationalpark der Ballons lebten von Sennerei und Viehzucht, ein wenig Ackerbau und vor allem Käserei. Die Fermes Auberges, Bergbauernhöfe mit Bewirtung, manchmal auch einfachen Zimmern und Produktverkauf, tragen mit touristischer Nutzung zum Überleben bei.

Die Orte Orbey, Lapoutroie, Fréland und Aubure im Welschland lagen einst so isoliert, dass sich hier eine eigene Spra-

Munster und Welschland
Tourte de la Vallée

che und Kultur erhalten hat. »Roman« sagt man im Französischen dazu, »Welsch« im Elsässischen, und einige Wissenschaftler meinen, es mit den letzten Resten des Galloromischen zu tun zu haben. Der Dialekt stirbt langsam aus, aber die Vergangenheit wird in Museen konserviert: Im Welschlandmuseum und in der alten Schmiede, beide im höchsten Ort des Elsass, Fréland, auf 800 Metern gelegen.
Zum Glück brachte der Tourismus Geld ins einst bitter arme Land; Ferien in der Ferme Auberge, Skifahren, Schneeschuhwandern, Trekking und Mountainbike-Fahren verwöhnen jetzt luftkranke Städter. Und weil naturnaher Tourismus keine Massen zulässt und die Anbieter auf den Erhalt ihres Lebensraumes achten, haben sich die Traditionen und althergebrachten Speisen halten können.

Tourte de la Vallée de Munster

800 g mageres Schweinefleisch (aus der Schulter)
oder 550 g Schweinefleisch und 250 g Kalbfleisch
Riesling
3 Nelken, 1 Lorbeerblatt
1 kleine Zwiebel
2 Knoblauchzehen
Butter
3 Eier
1/2 trockenes Brötchen, in Milch eingeweicht
12 g Salz
Muskatnuss
Kerbel, Schnittlauch, Estragon, Quatre-Épices (Gewürzmischung aus Nelken, Ingwer, Muskat und weißem Pfeffer, im Verhältnis 1:1:1:2)
Tiefkühl-Blätterteig für eine Springform

Munster und Welschland
Tourte de la Vallée

Das Fleisch in ¼ l Riesling mit Nelken und Lorbeerblatt 2 Stunden marinieren. Eine Hälfte in kleine Würfel schneiden, die andere mit dem Fleischwolf grob zerkleinern. Zwiebel und Knoblauch schälen, hacken und in etwas Butter glasig dünsten. Die Eier trennen, das Brötchen ausdrücken. Zwiebeln, Knoblauch, Fleisch, Brötchen, 2 Eigelb, Riesling sowie Salz und Gewürze gut verkneten. Eine Springform einfetten und mit dem aufgetauten Teig bis über die Ränder auslegen. Die Fleischfarce einfüllen und verteilen. Die Teigränder mit Eiweiß bestreichen und eine Teigplatte als Deckel darauf setzen, mit den Rändern gut verbinden. Ein Loch in die Mitte stechen und aus Alufolie oder Backpapier einen Kamin formen. In das Loch stecken, damit der Dampf entweichen kann. Den Backofen auf 220 °C vorheizen. Den Teigdeckel mit Eigelb bestreichen und mit einer Gabel verzieren. Im Ofen etwa 35 Minuten backen (bei 180 °C 1 Stunde). Mit Crudités oder Salat servieren.

Als ich vor 25 Jahren zum Schüleraustausch in die Hochvogesen kam, war es eine andere Welt. Damals kurvten die Frauen der Waldarbeiter munter ohne Führerschein über die steilen Waldwege zwischen Elsass und Lothringen, um die Henkelmänner für die Mittagspause abzugeben und einen Schwatz mit anderen Frauen zu halten, die von weither kamen. Sie trafen sich sonst nur zu den großen Märkten wie dem in Val d'Ajol, der inzwischen sogar Straßburger anzieht.

Ich erinnere mich an solche Touren mit meiner Freundin Brigitte, deren Eltern auf der lothringischen, der ärmeren Seite lebten. Da ging es im Frühling Richtung Gérardmer, das atemberaubende Gold der wilden Narzissen auf den Matten bestaunen, das vom zarten Vanillegelb der Schlüsselblumen abgelöst wurde. Oder mit dem Vater im Sommer in die Wälder, deren Bewuchs und versteckte Bergseen er als Holzfäller besser kannte als seinen Garten. Violett kamen wir zurück, mit dunklen Mündern, roten Zähnen, verschmierten Backen und Händen. Die Heidelbeerkämme ruhten auf Eimern voller glänzender, herb-aromatischer Perlen. Die wilden Himbeeren schmeckten so süß und fruchtig, dass selten welche bis zum Heimweg blieben.

Am schlimmsten aber waren die Apéritif-Touren an freien Tagen, um soziale Bindungen zu pflegen. So ein Weg verschlang mindestens einen halben Tag und war eine Zumutung für meine jugendliche Leber und meinen verstädterten Magen. Irgendwo in der Wildnis, hinter einem Berg von Schrottautos der Mann, der die Traktoren und Baumsägen reparierte. Madame servierte ofenfrisches Baguette mit selbstgekochter Waldhimbeermarmelade, aus Monsieurs Flasche dufteten die gleichen Früchte hochprozentig.

Bei der nächsten Station, einem ehemaligen Minenarbeiter, der Bauer geworden war, musste die Edelsteinsammlung bewundert werden – Amethyste und Bergkristalle, selbst gebrochen. Madame servierte selbstgekochte Hasenpastete auf Bauernbrotscheiben aus dem Holzkohleofen, Monsieur den Apéritif. Der unvermeidliche Schnaps für die Männer – die Frauen hielten sich an Suze, einen goldgelben Likör aus wildem Enzian. Nie habe ich Wasser gesehen. Das plätscherte vor dem Haus munter in Sandsteintröge, in denen die Salatköpfe darauf warteten, von der Hausfrau, die dafür Windmühlenarme bekam, in Gitterschüsseln geschleudert zu werden.

Damals ging es Richtung Munster zur Verwandtschaft in eine alte Ferme aus dem 17. Jahrhundert. Auf den Wiesen unter den Kirschbäumen weideten die typischen Vogesenkühe, meist schwarz-weiß, aber auch mal rotbraun – immer mit einer Färbung quer am Leib entlang, die in lustigen Flecken und Pünktchen auf dem Körper auszulaufen schien. Skandinavier hatten nach dem Dreißigjährigen Krieg das robuste Vieh mitgebracht, doch 1977 war die Vosgienne mit 3000 Exemplaren fast ausgestorben. Zum Glück hat sich der Bestand fast verdreifacht – denn die Kuh mit den sanften Augen gibt zwar weniger, aber dafür kaseinreichere Milch, unerlässlich für einen guten Munsterkäse!

In der Ferme war die Cousine aus Paris zu Gast, die die halbe Familie miternährte. In der Wohnküche mit Spülstein, Gasherd, Heiligenbildchen an der Wand und wackeligen Holzstühlen drängelte sich die Verwandtschaft. Der Onkel, wegen der inneren Festhitze bereits im Unterhemd, stellte die Gläser zweireihig auf das rot-weiß-karierte Wachstuch. Wie in der Kirche wurde die Flasche angesetzt: Links für die Frauen, rechts für die Männer. Munsterkäse und Baguette retteten den leeren Magen.

Zum Glück ist es nicht so gekommen, wie die Familie damals befürchtete, als die Zeiten so schlecht schienen und es immer weniger Arbeit gab. Der Sohn hat die Ferme renoviert und für Gäste angebaut. Nebenbei verkauft die Familie Produkte des Landes. Überall findet man die Käsereien mit Direktverkauf wie die Ferme Saesserle in Breitenbach mit prämierten Munsterkäsen und einem mit Blüten und Kräutern aromatisiertem Tomme. Meist folgt man einfach handgemalten Schildern oder fragt herum – kein Problem, bei über 8000 Tonnen Käseproduktion jährlich fündig zu werden!

Der Munsterkäse hat längst ein AOC-Label, darf echt nur aus den Vogesen kommen und schmeckt am besten *au lait cru*, aus Rohmilch. Es gibt den »katholischen« aus den lothringischen Vogesen, wo man zweimal täglich gleich nach dem Melken den Käse ansetzt. Dann heißt er »Munster Géromé« vom Dialektwort für Gérardmer, dem alten Zentrum seiner Vermarktung. Der »evangelische« Bruder aus dem Elsass heißt nur »Munster« und wird ausschließlich abends angesetzt. Bis dahin ist die Milch vom Morgen schon gereift. Ganz frisch werden beide wie Quark gegessen und mit etwas Lab, Zucker und viel Kirschschnaps zum Dessert, dem »Sieskäs«, gekrönt.

Munster und Welschland
Kartoffelgratin mit Munster

Später spaltet er die Verkoster in überschwängliche Schwärmer oder erbitterte Feinde – ein Mittelfeld gibt es nicht. Seine schmelzende Weichheit unter rötlich schimmernder Haut ist einzigartig unter französischen Käsen. Sein Aroma zerschneidet den Pinienduft der Vogesen wie ein altes Wildschwein auf der Hatz; alte Herren erinnern sich gerne vielsagend kichernd an die Düfte jugendlicher Erlebnisse im Heu. Wird der Munster alt, gast er Ammoniak.
Viele verbannen ihn nicht deshalb aus dem Kühlschrank in ein Steingutgefäß mit Lochdeckel im Keller, sondern weil er dann zu höherem Genuss reift. Genau richtig zu einem älteren, trockenen Gewurztraminer mit Honig-, Holz- und Petrolnoten. Den Munster mit Kümmel, also *carvi*, zu essen, ist eine neuzeitliche Variante, in alten Kochbüchern findet man ihn mit Holunderblüten aromatisiert. Wer jedoch Cumin, orientalischen Kreuzkümmel, dazu bekommt, kann sicher sein, dass es sich um ein modisches Küchenexperiment oder einen typischen Übersetzungsfehler des elsässischen Wortes ins Französische handelt!

Kartoffelgratin mit Munster

1 kg fest kochende Pellkartoffeln
3 Schalotten oder 1–2 Zwiebeln
etwas Öl und Butter
Salz und Pfeffer
Muskatnuss
Quendelblüte (oder Thymian)
1 Munsterkäse (ca. 400–450 g)
Die Kartoffeln kochen und in Scheiben schneiden. Zwiebeln oder Schalotten schälen und hacken. Im Fett glasig dünsten. Eine ofenfeste Form einfetten und Kartoffelscheiben und Zwiebeln hineinschichten und würzen. Den Käse in Scheiben

Munster und Welschland
Kartoffelgratin mit Munster

schneiden und die Kartoffeln damit belegen. Im vorgeheizten Backofen bei 180 °C etwa 30 Minuten überbacken. Dazu rohen Schinken in Scheiben und grünen Salat servieren.

So unfranzösisch dieser Käse ist, so europäisch ist er wie das Elsass. Einst soll der Ire Columban, zuerst Mönch in Bangor, dann im schottischen Iona, nicht nur das Christentum auf den Kontinent gebracht haben, sondern auch das Wissen um die Herstellung des Munsterkäses und anderer kulinarischer Feinheiten. Im Rheintal wollten die Heiden jedoch weder Predigten noch Rezepte hören. Deshalb habe der Ire, im italienischen Bobbio angekommen, den Mönchen befohlen, dieses halsstarrige Volk doch noch mit dem richtigen Käse und Glauben zu beglücken.
Tatsächlich kamen irisch beeinflusste Benediktiner aus dem Süden bis nach Colmar, die Rezepte im Gepäck. Sie wanderten das Tal der beiden Fecht entlang und gründeten an deren Zusammenfluss um 660 *monasterium confluentes*, das heutige Munster mit der romantischen Ruine der Abtei. Auf solch einer Wanderung irisch-christlicher Mönche sollen Lachsrezepte ins Ried gefunden haben und der seltene »Rouge d'Ottrott«, ein Rotwein aus Burgunder Pinot-Trauben, an den Odilienberg. Man könnte meinen, die Bekehrung der dickköpfigen Bevölkerung sei durch den Magen gegangen.
Skandinavier brachten im 17. Jahrhundert nach Pest und Dreißigjährigem Krieg Kühe und Leute ins fast entvölkerte Elsass. Dänen, Bayern, Tiroler und Schweizer folgten, versuchten sich am Munster. Ihre Trachten – wie das Sennerkostüm mit grauer Streifenweste und rundem, geprägten Lederhut – haben im Munstertal überlebt. Männer und Jungen tragen es zum Almabtrieb am 29. September, einem Fest, bei dem Kühe und Menschen herausgeputzt werden, die Wege von Musikanten gesäumt sind und die Kehlen mit Schnaps befeuchtet.

Weitaus kulinarischer, aber mit der gleichen Verehrung der Kuh, geht es am Tag des heiligen Gregoire zu, des Papstes Gregor des Großen, nach dem die Abtei in Munster und das besonnte Käsetal benannt sind. Die »Confrérie Saint-Gregoire du Taste-fromage« bestimmt das Fest, eine der französischen Bruderschaften für Feinschmeckerbelange, die wie sonst selten auch Frauen aufnimmt und sich wie die Bruderschaften der Weinschmecker am Glanz alter Tempelorden orientiert.

Beim Defilé am Wochenende nach dem dritten September sieht man sie in ihren beigen Kapuzenkutten mit weißem Kordelgürtel, eine Bronzemedaille an Band und Kette um den Hals. Sie wachen darüber, dass der Munster hohe Qualitätsstandards erfüllt und ausreichend beworben und kultiviert wird. Dementsprechend gibt es dann in der Nähe von Munster prämierte Käse, Kühe und Bauernwerkzeug zu bestaunen und nach dem abendlichen Melken wird die Milch verkostet wie ein Jahrgangswein.

Von den fetten Sommermatten wird sie blumig, kräutrig, gibt dem Käse sein bestes Aroma. Da wachsen roter Wiesenschwingel und Honiggras, die Kühe fressen Wicken und Platterbsen, naschen vom wildem Fenchel mit seiner honigduftenden Frische und vom bitterem Löwenzahn und essenzenreichen Quendel, von Arnika und Ginster. Eine Vegetation, die sich zum Wald hin mit den ersten Herbstgüssen zugunsten der Pilze ändert. Wenn die Pilze sprießen, erinnert man sich auf den Höhen daran, alles winterfest zu machen. Bald wird das Land unter Schnee ruhen. Doch der Übergang im Oktober wird davon künden, dass nach der Zeit der Stille ein neuer Frühling kommt. Egal, zu welcher Zeit man das Elsass verlässt – viele werden ähnlich denken wie einst Konrad von Hohenburg, der dichtete: »Wil eiman gen Elsäzenland / der sol der lieben tuon bekannt / daz ich mich senen«.

Petra van Cronenburg kennt das Elsass als Grenzgängerin seit etwa 40 Jahren. Vor 15 Jahren hat sie das Land wegen seiner Menschen und Lebensqualität zu ihrer Wahlheimat gemacht. Die Journalistin und Autorin hat Bücher über Religions- und Kulturgeschichte und Veröffentlichungen über den Odilienberg bei Straßburg verfasst. Auch ihr erster Roman (Lübbe, 2005) spielt im Elsässer Grenzland. Als Hobby sammelt sie Kochbücher und Geheimrezepte aus aller Welt und kocht leidenschaftlich gerne für Freunde.

www.sinnesreisen.com

Rezepteregister

Die Grundzutaten sind alphabetisch aufgeführt: So lassen sich die einzelnen Rezepte leicht finden. Fleischlose Rezepte sind kursiv gesetzt.

Akazienblüten, ausgebacken 76
Alkohol
  Lindenblütenbowle 95
  Nussewasser 92
Blutwurst
  Keschtewurst 21
Eier
  Schwimmende Insel 58
Eis
  Chaud-froid von roten Früchten / Lebkucheneis 46
  Obstsorbet 112
Fisch
  Matelote 61
  Zander auf Rieslingsauce 72
  Zander auf Sauerampfer 55
Gebäck
  Hirschhörnle 52
  Schenkele 50
Geflügel
  Coq au vin 84
  Foie Gras an Kastanienpüree 100
Holunderblüten, ausgebacken 76
Kartoffeln
  Baeckeoffe 28
  Bratkartoffeln 22
  Kartoffelgratin mit Munster 122
Kastanien
  Foie Gras an Kastanienpüree 100
  Keschtewurst 21
Kuchen
  Kugelhopf 104
  Mandeltarte 42
Lamm
  Baeckeoffe 28
  Lammkeule à la Diable 16
Pfifferlingspfanne 109
Rind
  Baeckeoffe 28
Rohkost
  Crudités 78
rote Früchte
  Chaud-froid von roten Früchten 46
  Obstsorbet 112
Salat
  Crudités 78
  Spargelsalat 74
Schwein
  Baeckeoffe 28
  La Choucroute 29
  Tourte de la Vallée de Munster 118
  Wildschwein mit Hagebuttensauce 14
Spargel
  Spargelsalat 74
Suppe
  Fremselsuppe 40
Zander
  Zander auf Rieslingsauce 72
  Zander auf Sauerampfer 55

Inhalt

Oktober: Buckliges Elsass
Mord im Hopfenland   *11*

November: Pechelbronner Land
Papierfisch im Öl   *19*

Dezember: Freilichtmuseen
Le Kitsch und la Nature   *27*

Januar: Straßburg
Europa ist ein Dorf   *35*

Februar: Donon, Saverne
Steinfräulein und Menhire   *45*

März: Ried und Rheinauen
Urwald, Fisch und Töpfereien   *55*

April: Rosheim und Odilienberg
Pilgern in die Steinzeit   *65*

Mai: Elsässer Weinstraße
Kultur auf der Zunge   *75*

Juni: Thann, Ballons, Belchen
Feuertanz und Sonnenuhr   *87*

Juli: Jägerthal im Wasgau
Eisenbarone im Burgenland   *97*

August: Grenzdreiecke
Von jedem das Beste   *107*

September: Munster und Welschland
Heilige Kühe und irischer Käse   *117*

Rezepteregister   *127*